O MITO
NAZISTA

COLEÇÃO TESTEMUNHOS

O termo testemunho pode ser derivado tanto de testis como de superstes. Na primeira acepção ele remete à cena jurídica do testemunho como apresentação de um terceiro ponto de vista para garantir a verdade. Na segunda, o testemunho é aproximado da figura do sobrevivente. Testemunho, portanto, está ligado tanto a certificação, testamento, protesto, prova, juramento, como a martírio. Nunca se falou tanto de testemunho como na segunda metade do século XX. De algum modo sentimo-nos sobreviventes de uma era de extremos, na qual a onipresença de choques e catástrofes levou a uma reformulação de todos nossos mais sagrados princípios e crenças. Refletindo sobre a história, a memória e o esquecimento, a estética e a ética, as artes e a literatura, os textos aqui reunidos devem indicar a vitalidade do pensamento crítico e das vozes que não querem fazer coro com a pressão pela homogeneização e normalização do pensamento. Cruzando as fronteiras entre as disciplinas e aproximando a reflexão acadêmica das forças políticas e da produção literária e artística, a coleção procura estabelecer um diálogo polifônico, sem a pretensão de indicar caminhos preestabelecidos, mas consciente de que a ausência de diálogo leva ao embotamento do pensamento e à passividade. Se não fosse incompatível com a nossa era pós-narração, Mnemosine, personificação da memória e mãe das musas, e suas filhas Clio, a musa da História, e Calíope — musa da poesia épica, da lírica e da eloquência, mãe de Orfeu e cujos atributos eram o estilete e as tabuinhas, ou seja, os instrumentos de escrita — bem poderiam ser eleitas patronas desta coleção.

PHILIPPE LACOUE-LABARTHE
JEAN-LUC NANCY

O MITO NAZISTA

SEGUIDO DE
O ESPÍRITO DO NACIONAL-SOCIALISMO E O SEU DESTINO
POR
PHILIPPE LACOUE-LABARTHE

TRADUÇÃO
MÁRCIO SELIGMANN-SILVA

ILUMINURAS

Copyright © desta tradução e edição
Editora Iluminuras Ltda.

Títulos originais
Le mythe nazi: L'esprit du national-socialisme et son destin

Coleção Testemunhos
dirigida por Márcio Seligmann-Silva

Copyright © 2002
Philippe Lacoue-Labarthe
Jean-Luc Nancy

Capa e projeto gráfico
Eder Cardoso / Iluminuras

Revisão
Eliane de Abreu Santoro
Monika Vibeskaia

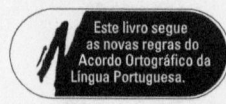

CIP-BRASIL. CATALOGAÇÃO NA PUBLICAÇÃO
SINDICATO NACIONAL DOS EDITORES DE LIVROS, RJ
L149m

    Lacoue-Labarthe, Philippe, 1940-2007
    O mito nazista : seguido de o espírito do nacional-socialismo e o seu destino / Philippe Lacoue-Labarthe, Jean-Luc Nancy ; tradução Márcio Seligmann-Silva. - [2. ed.]. - São Paulo : Iluminuras, 2020.
    96 p. ; 21 cm. (Testemunhos)

    Tradução de: Le mythe nazi : l'esprit du national-socialisme et son destin
    ISBN: 978-65-5519-033-5

    1. Nazismo. 2. Nazismo - Alemanha. 3. Alemanha - Política e governo - 1933-1945. I. Nancy, Jean-Luc. II. Seligmann-Silva, Márcio. III. Título. IV. Série.

20-64806   CDD: 320.533
                 CDU: 321.6(430)"1933/1945"

2024
ILUMI//URAS
desde 1987

Rua Salvador Corrêa, 119 | Aclimação | São Paulo, SP | Brasil
04109-070 | Telefone: 55 11 3031-6161
iluminuras@iluminuras.com.br
www.iluminuras.com.br

SUMÁRIO

PREFÁCIO, 9
Ph. L.-L. & J.-L. N.

O MITO NAZISTA, 17
Philippe Lacoue-Labarthe
Jean-Luc Nancy

O ESPÍRITO DO NACIONAL-SOCIALISMO
E O SEU DESTINO, 67
Philippe Lacoue-Labarthe

SOBRE OS AUTORES, 93

PREFÁCIO
Ph. L.-L. & J.-L. N.

A primeira versão deste texto data de onze anos atrás. Uma segunda versão foi redigida há três anos para uma publicação nos Estados Unidos. O texto foi parcialmente revisto e modificado para a publicação nas Éditions de l'Aube.

Em 1991, mais ainda que em 1980, um estudo intitulado "o mito nazista" poderia parecer representar, antes de mais nada, o interesse de um estudo histórico. Que fique claro que não pensamos em nada parecido. Além disso, desde a primeira aparição deste texto nós havíamos sublinhado que nós não fazemos um trabalho de historiador, mas de filósofo. O que significa, entre outras coisas, que o que está em jogo neste trabalho é o presente e não o passado (é pela preocupação com a clareza que nós simplificamos desse modo a vocação da história...). Como esses jogos se dão no nosso presente, é o que nós tentaremos dizer aqui de modo breve.

De uma maneira geral o nosso presente está longe de estar em paz com o seu passado recente nazista e fascista, ou ainda com o seu passado stalinista e maoista ainda mais recente (e talvez, olhando de mais perto, reste-nos mais coisas a esclarecer do primeiro que do segundo; ao menos este último não se produziu na "nossa" Europa do Oeste).

Que, assim sendo, nós sempre tenhamos de dar explicações e nos explicarmos, que nós sempre tenhamos uma dívida ou dever de memória, de consciência e de análise, eis o que uma maioria dos nossos contemporâneos admite. No entanto, as razões e os fins não são sempre muito claros e tampouco satisfazem. Apela-se para a vigilância com relação aos possíveis retornos — é o tema do "nunca novamente!". E, de fato, a atividade e a agitação das extremas direitas nos últimos anos, o fenômeno do "revisionismo" no que tange à Shoah, a facilidade com a qual os grupos neonazis surgem na ex-Alemanha oriental, os "fundamentalismos", nacionalismos e purismos de todas as espécies, de Tóquio a Washington e de Teerã a Moscou — tudo isso de fato exige essa vigilância.

No entanto, a prudência reza que essa vigilância se desdobre em uma outra, que seria vigilante diante daquilo que não deriva do "retorno", ou daquilo que não se deixa pensar tão facilmente como "reação". Os retornos e repetições simples são bem raros, quando não inexistentes, na história. E se o fato de se portar uma suástica ou a sua inscrição são dados infames, eles não são necessariamente (sejamos precisos: eles podem ser, mas não são necessariamente) os signos de um ressurgimento nazista verdadeiro, vivo e perigoso. Eles podem derivar apenas da debilidade, ou da impotência.

Mas existem outras espécies de repetição, que de resto podem se ignorar enquanto tais, cuja evidência é muito mais dissimulada, cujo procedimento mesmo é muito mais complexo e discreto — e cujos perigos não são menos reais.

Esse poderia muito bem ser o caso desses discursos contemporâneos, numerosos agora, que clamam por um *mito*, pela necessidade de um novo mito ou de uma nova consciência mítica, ou, ainda, pela reativação dos mitos antigos. Esses discursos não empregam sempre o termo "mito" e inclusive não mobilizam sempre uma argumentação explícita e precisa a favor da função mítica.[1] Mas

---

[1] No que toca ao uso politicamente ambíguo, ou ambivalente, do mito, poderíamos remontar à tradição dos primeiros românticos alemães, mas, de maneira mais moderna e mais determinada, a Georges Sorel. Quanto aos nossos contemporâneos, podemos dar exemplos de apelo ao mito com assinaturas que de resto descartam a possibilidade de suspeitar das intenções políticas. Nesse sentido, Edgar Morin escreveu: "do mesmo modo que o homem não se alimenta apenas de pão, uma sociedade não se alimenta apenas de gestão. Ela se alimenta também de esperança, de mito, de sonho. (...) O desenvolvimento pleno do indivíduo necessita de comunidades e de solidariedades (...) a solidariedade verdadeira, não imposta, mas sentida interiormente e vivida como fraternidade". ("Le grand dessein", *Le Monde*, 22 set. 1988, pp. 1-2). Em um certo sentido, nós não podemos deixar de concordar; mas as categorias do mito e de uma identificação assim "vivida" seriam

existe "no ar do tempo" um clamor ou uma espera surda de algo como uma representação, uma figuração, a saber, uma encarnação do ser ou do destino da comunidade (essa palavra por si própria já parece despertar esse desejo). Ora, é justamente dessa identificação simbólica (ou "imaginária", segundo o léxico que escolhermos: em todo caso, por meio de imagens, símbolos, narrativas, figuras e também de elementos que os portam ou os exibem) que o fascismo em geral alimentou-se de modo superabundante:[2] o nazismo representa, nesse sentido, como nós esperamos ter demonstrado, a atualização dos caracteres fundamentais dessa função identificadora.

Tentamos ao máximo evitar a simplificação. Não se trata de opor — como se fez sem dúvida até demais, sob o impulso, em si louvável, do antitotalitarismo, um certo estilo de pensamento democrático — a figuração mítica própria aos regimes fascistas de um lado, e, do outro, o não-ser-apresentável [*imprésentabilité*] como

---

desprovidas de risco? Poderíamos também remeter ao exemplo recente de Serge Leclaire propondo dar "espaço e função na ordem sociopolítica (...) ao entre-dois do encontro" graças à "estrutura do mito" tomado como "uma arquitetura que conviria às casas freudianas" (*Le pays de l'autre*, Paris, Seuil, 1991, quarta capa). Poderíamos também dar exemplos da Alemanha, em particular na obra de Manfred Frank.

[2] Cf. apenas essa citação: "A calamidade da democracia consiste em ter privado a nação de imagens, de imagens a serem amadas, de imagens a serem respeitadas, de imagens a serem adoradas — a Revolução do século XX as restituíram à nação" (Robert Brasillach, "Les leçons d'un anniversaire", *Je suis partout*, 29 jan. 1943).

traço essencial da democracia. (Assim como tampouco é correto vituperar a "civilização da imagem" para opô-la à cultura do discurso.) Nós pensamos, pelo contrário, que a democracia propõe, ou deve propor a partir de agora a questão da sua "figura" — o que não quer dizer que essa questão se confunda com aquela de um recurso ao mito.[3] Com efeito, pensamos que não basta afirmar como virtudes últimas da República (que por agora não distinguiremos da democracia) a renúncia a toda identificação, uma exposição permanente ao pôr-se em questão e, finalmente, como acontece de modo relativamente frequente hoje, uma certa fragilidade íntima, ao mesmo tempo reconhecida e reivindicada, da qual os adversários da democracia e, em seguida, de toda a herança de 1789 e das Luzes não deixam de tirar partido.

---

[3] A questão da figurabilidade da democracia e, portanto, da imitabilidade do seu "modelo" não é tão nova quanto se pode pensar. Não é casual se um escritor, Maupassant, pôde inventar (ou recolher...) em 1880 a história desse empregado do Ministério que se dedicou a parecer com Napoleão III, mas para quem "foi um desastre quando a República chegou (...) Também ele mudou de opinião; mas a República não sendo um personagem palpável e vivo com quem podemos nos aparentar, e os presidentes se sucedendo de modo rápido, ele encontrou-se mergulhado na mais cruel situação, insuportavelmente abandonado, bloqueado em todas as suas necessidades de imitação, depois de uma tentativa com o seu último ideal: M. Thiers" ("Les dimanches d'un bourgeois de Paris", *Contes et nouvelles*, Paris, Albin Michel, 1956, t. I, p. 285). Encontramos tudo aqui: a democracia sem modelo, ou com um modelo irrisório — e, ainda assim, o grotesco da macaquice dos modelos.

Isso basta tanto menos, na medida em que a mais importante das "democracias" do mundo se propõe a ser o bastião (identificado por um chefe de Estado, uma bandeira, um exército e um imaginário) de uma "nova ordem mundial", ainda que não deixando de abraçar, contra essa "ordem" ou sob seu abrigo (ou os dois ao mesmo tempo), todo tipo de reivindicações ou de pretensões de identidade e figurativas: chefes, nacionalidades, povos, comunidades.

Talvez o ponto essencial não seja mesmo que essas reivindicações derivem, no fim das contas, de algo legítimo ou de uma lenda. Pois a lenda pode gerar uma legitimidade, e uma legitimidade pode ser legendária: quem dirá em que consiste "no fundo" o *direito* fundador de um "povo"? Mas a questão é saber em que consiste a operação de identificação e se é tendo em vista a confecção de um *mito* que ela deve hoje, novamente, ser empregada — ou se, pelo contrário, a função mítica, com os seus efeitos nacionais, populares, éticos e estéticos, não é aquilo contra o que a política deve agora ser reinventada (incluindo aí aquilo que ela exige talvez na ordem do "figural").

O nazismo sem dúvida ainda tem de nos mostrar como o mundo moderno não conseguiu se identificar com a "democracia" — ou, então, identificar a assim chamada democracia; o mesmo vale também, ainda que de um outro modo, no que tange à chamada "técnica". Desde há mais de um século este mundo suporta uma e outra como as necessidades de uma história que não é mais obra sua (uma história que não é mais o mito do Progresso da Humanidade ou da Fundação da Sociedade Razoável), que, portanto, não é mais uma história, ou seja, que não é mais evento, nem advento: que não inaugura mais, abre, nasce ou renasce.

Ora, o mito sempre foi o mito de um evento e de um advento, o mito do Evento absoluto, fundador. As sociedades que viveram do mito e no mito, viveram na dimensão de um ser-evento [*événementialité*] constitutivo (deveríamos dizer "estrutural", se isso não fosse um paradoxo). Onde o mito é procurado, é o evento que é desejado. Mas o que talvez o nazismo nos ensine é que não se fabrica o evento. As sociedades baseadas no mito nunca fabricaram, calcularam ou construíram a sua fundação: o imemorial era uma propriedade intrínseca aos mitos. Não se fabrica o imemorial: ele também é porvir.

O que nos falta (pois falta-nos algo, falta-nos o político, nós não negamos isso) não é nem a matéria, nem as formas para fabricar o mito. Para isso sempre existe entulho suficiente, kitsch ideológico disponível o bastante, tanto pobre quanto perigoso. Mas falta-nos discernir o evento — os eventos onde se inaugura *na verdade* nosso porvir. Eles não se produzem certamente em um retorno dos mitos. Nós não vivemos mais nem na dimensão nem na lógica da origem. Nós vivemos no tardio, no *après-coup* histórico. O que não exclui que a extremidade do tardio seja também a ponta do novo. Mesmo porque é exatamente isso que nos pedem para pensar.

Julho 1991

O MITO NAZISTA

Philippe Lacoue-Labarthe
Jean-Luc Nancy

Situação

1) O texto que segue foi originalmente uma apresentação relativamente breve, realizada no dia sete de maio de 1980 no Colóquio sobre "Os mecanismos do fascismo" organizado pelo *Comitê de informação sobre o holocausto* em Schiltigheim. No quadro fixado por esse tema, nós não havíamos procurado apresentar outra coisa além de um esquema para análises que exigem outros desenvolvimentos.[1] Se nessa nova apresentação nós modificamos um pouco nosso texto, ele ainda não deixa de ser esquemático.

---

[1] Philippe Lacoue-Labarthe apresentou tais desenvolvimentos em *La fiction du politique*, Paris, Bourgois, 1988, e em *Musica ficta (figures de Wagner)*, mesma editora, 1991; J.-L. Nancy os propôs em *La communauté désœuvrée* e em *La comparution* (com Jean-Christophe Bailly), na mesma editora em 1986 (2. ed., 1988) e em 1991. — A versão americana deste texto foi publicada em *Critical Inquiry*, University of Chicago Press, Winter 1990.

2) Não somos historiadores — e ainda menos historiadores especializados no estudo do nazismo. Portanto, não esperem de nós uma descrição factual dos mitos ou dos elementos míticos do nazismo; nem uma descrição da exumação e da utilização, por parte do nazismo, de todo um material mitológico antigo, considerado particularmente como especificamente alemão.

Que se espere isso tanto menos na medida em que, descontado o nosso desconhecimento (nós lemos pouco da abundante e monótona literatura da época), estimamos que esse fenômeno é relativamente superficial e secundário: como todo nacionalismo, o nazismo tomou da tradição que ele fez sua, a tradição alemã, um certo número de elementos simbólicos, entre os quais os elementos propriamente mitológicos não são os únicos nem provavelmente os mais importantes. Em outras palavras, como todo nacionalismo, o nazismo exaltou de um modo passadista a tradição histórico-cultural alemã ou mais largamente germânica (ou que se poderia tentar anexar a um germanismo). Mas nessa exaltação — que reanima tanto o folclore e a *Volkslied*, o imaginário do campo do pós-romantismo e das cidades da Hansa, as "ligas" (*Bünde*) estudantis antinapoleônicas, as corporações medievais, as Ordens cavalheirescas, o Sacro-Império etc. —, uma mitologia (digamos, a de Erda, de Odin e de Wotan) já há muito em desuso, apesar de Wagner e de alguns outros, não poderia contar a não ser para alguns intelectuais e artistas, a rigor, para alguns professores ou educadores. Em suma, esse tipo de exaltação não possui nada de específico (assim como a exaltação de Joana D'Arc pelo Estado francês de Pétain). Ora, o que deve nos interessar aqui é a especificidade do nazismo. E ela deve nos ocupar de tal modo que o questionamento de uma mitologia, dos seus suspeitos prestígios e das suas "brumas", não sirva, como às vezes ocorre, de expediente fácil e, no fundo, de procedimento dilatório (e um pouco racista, ou, ao menos, vulgarmente antialemão) para se evitar a análise.

Eis por que nós não falaremos aqui *dos* mitos, no plural, do nazismo. Mas unicamente do mito do nazismo, ou do mito nacional-socialista *como tal*. Ou seja, da maneira como o nacional-socialismo, usando ou não os mitos, constitui-se na dimensão, na função e na segurança propriamente míticas.

Eis por que nós também evitaremos desvalorizar os mitos do nazismo no sentido que uma análise crítica extremamente fina (a de Roland Barthes) pôde fazê-lo, utilizando ao mesmo tempo os instrumentos da sociologia, do marxismo (brechtiano) e da semiologia, desmontando os mitologemas que estruturavam, há pouco, o inconsciente sociocultural da pequena-burguesia francesa. Diante de um fenômeno de uma amplidão e do peso como no caso do nazismo, uma análise desse gênero não teria, estritamente falando, nenhum interesse — nem mesmo, temos certeza, pertinência.²

3) O que nos interessa — e que nos prenderá a atenção no nazismo — é essencialmente a *ideologia*, no sentido que Hannah Arendt definiu esse termo no seu ensaio sobre o sistema totalitário. Ou seja, a ideologia como a lógica, realizando-se totalmente (e nascendo de uma vontade de realização total), de uma ideia que "permite explicar o movimento da história como um processo único e coerente".³ "Supõe-se", diz ainda Hannah Arendt, "que o movimento da história e o processo lógico dessa noção correspondem ponto por ponto, de tal modo que tudo o que acontece, acontece conforme à lógica de uma ideia."

O que em outros termos nos interessa e nos prenderá a atenção é a ideologia enquanto, por um lado, ela se propõe

---

[2] Mais ainda: a desmontagem das "mitologias" no sentido de Barthes pôde tornar--se, nos nossos dias, parte integrante de uma cultura ordinária veiculada pelas mesmas "mídias" que produzem essas mitologias. De modo geral, a denúncia dos "mitos", das "imagens", das "mídias" e da "aparência" faz parte agora do sistema mitológico das mídias, das suas imagens e das suas aparências. O que equivale a dizer que o *mito* verdadeiro, se é que ele existe, aquele que gera adesão e identificação, encontra-se mais sutilmente escondido, e agencia a partir daí, talvez, toda a cena (caso necessário, como mito da denúncia dos mitos...). Do mesmo modo, nós veremos que o mito nazista encontra-se escondido atrás das figuras mitológicas determinadas, das mitologias germânicas assim como das demais.

[3] *The origins of totalitarism*, na tradução francesa de J. L. Bourget, R. Davreu, P. Lévy, Paris, Seuil, 1972, p. 217.

sempre como uma explicação *política* do mundo, ou seja, como uma explicação da *história* (ou, se preferirmos, da *Weltgeschichte*, entendida não tanto como "história mundial", mas antes como "mundo-história", mundo que é feito apenas de um processo e da sua necessidade autolegitimante) a partir de um conceito único: o conceito de raça, por exemplo, ou o conceito de classe, a saber, o de "humanidade total"; e, por outro lado, na medida em que essa explicação ou essa concepção de mundo (*Weltanschauung*: visão, intuição, abarcar compreensivo do mundo — termo filosófico que o nacional-socialismo, como veremos mais adiante, usou abundantemente) quer-se uma explicação ou uma concepção *total*. Essa totalidade significa, no mínimo, que a explicação é indiscutível, sem resto nem falha, contrariamente aos pensamentos da filosofia da qual, entretanto, ela retira sem pudor a maior parte dos seus recursos, mas que caracterizam o estilo arriscado e problemático, a "insegurança", como diz Hannah Arendt, dos seus questionamentos. (Aliás, daí resulta que a filosofia seja igualmente rejeitada por parte das ideologias que a solicitam e enviada ao campo da incerteza e às hesitações covardes da "intelectualidade": a história dos filósofos e/ou ideólogos do e no nazismo é bem clara quanto a esse ponto.[4])

---

[4] Cf. quanto a essa história, Hans Sluga, "Heidegger, suite sans fin", *Le messager européen*, Paris, POL, n. 3, 1989.

Ter-se-ia de mostrar de modo rigoroso aqui quais relações a ideologia, concebida como *Weltanschauung* total, possui com o que Hannah Arendt denomina "dominação total", ou seja, antes de mais nada, com o que Carl Schmidt, permitindo-se ao mesmo tempo um discurso propriamente fascista (o de Mussolini e de Gentile) e um conceito jüngeriano de "mobilização total" (encarregado de dar uma primeira definição da técnica como potência total e mundial), chamou de *Estado total*.

Ter-se-ia de mostrar ainda de modo rigoroso como o Estado total deve ser considerado de fato *Estado-Sujeito* (este sujeito — trate-se da nação ou da humanidade, da classe, da raça ou do partido — sendo ou se querendo sujeito absoluto), de tal modo que é, em última instância, na filosofia moderna ou na metafísica acabada do sujeito, que a ideologia encontra, apesar de tudo, a sua verdadeira garantia: ou seja, nesse pensamento do ser (e/ou do devir, da história) como subjetividade presente a si, suporte, fonte e fim da representação, da certeza e da vontade. (Mas ter-se-ia também de recordar com precisão como a filosofia que se torna ideologia implica também — e ao mesmo tempo — esse *fim da filosofia* do qual Heidegger, Benjamin, Wittgenstein e Bataille deram um testemunho múltiplo mas simultâneo.)

Ter-se-ia de mostrar de modo rigoroso, finalmente, que a lógica da ideia ou do sujeito realizando-se assim é antes de mais nada, como podemos ver em Hegel, a lógica do Terror (que no entanto, nela mesma, não é propriamente fascista, nem totalitária),[5] e é em seguida, no seu último desenvolvimento, o fascismo. A *ideologia do sujeito* (o que, talvez, não seja senão um pleonasmo), é isso o fascismo, a definição valendo, entenda-se bem, para hoje. Nós evocaremos ainda esse ponto: mas é claro que a demonstração que ele exige ultrapassa os limites deste *exposé*.

Se nós continuamos, no entanto, a insistir um pouco sobre esse tema, é na verdade para marcar nossa desconfiança e nosso ceticismo, quando se trata do nazismo, com relação à acusação apressada, brutal e na maior parte do tempo cega, de *irracionalismo*. Pelo contrário, existe uma *lógica do fascismo*. O que também quer dizer que *uma certa lógica é fascista*, e que essa lógica não é simplesmente estranha à lógica geral da racionalidade na metafísica do sujeito. Nós não dizemos isso apenas para sublinhar a que ponto uma certa oposição herdada, às vezes dentro da ideologia nazista, às vezes com respeito

---

[5] O Terror não deriva — ao menos de modo completo, evidente, ou... moderno — do imanentismo geral que os totalitarismos supõem, e antes de mais nada o nazismo, onde a imanência da raça – do solo e do sangue – absorve toda transcendência. Resta no Terror o elemento de uma transcendência clássica (da "nação", da "virtude" e da "república"). Mas essa diferenciação, necessária para uma descrição justa, não conduz nem à reabilitação do Terror nem à reivindicação de uma transcendência contra a imanência: esse gesto, muito difundido hoje, parece-nos igualmente tão mítico ou mitificante quanto o gesto inverso. Na verdade nós temos necessidade de pensar fora da oposição e da dialética desses termos.

a ela, entre *mythos* e *logos*, oposição aparentemente elementar, é de fato muito complexa (teríamos de ler sobre esse tema, entre outros, vários textos de Heidegger);[6] nós tampouco dizemos isso apenas para recordar que, como todo totalitarismo, o nazismo reivindicava uma ciência, ou seja, mediante a totalização e a politização do Todo, *a* ciência; mas nós o dizemos antes de mais nada porque se decerto não devemos esquecer que um dos componentes do fascismo é a *emoção*, da massa, coletiva (e essa emoção não é apenas a emoção política: ela é, ao menos até um certo ponto, na emoção política a emoção revolucionária), não devemos tampouco esquecer que a mencionada emoção conjuga-se sempre a *conceitos* (e esses conceitos podem muito bem ser, no caso do nazismo, "conceitos reacionários", não perdendo assim nada do seu caráter de conceito).

Nós simplesmente acabamos de recordar uma definição de Reich da *Psicologia de massas do fascismo*: "Conceitos reacionários juntando-se a uma emoção revolucionária tem como resultado a mentalidade fascista." O que não significa, nem na literalidade desse texto e nem para nós, que toda emoção revolucionária esteja condenada

---

[6] Essa referência exigiria dois desenvolvimentos distintos: por um lado, sobre a complexidade do casal *mythos/logos* tal como Heidegger permite o vislumbrar, mas também, por outro lado, sobre a relação que Heidegger reivindica com uma dimensão mítica do pensamento, relação que evidentemente não era estranha ao seu nazismo (nós aludimos a esse fato mais adiante).

ao fascismo, nem que os conceitos com reputação de "progressistas" estejam sempre, por eles mesmos, ao abrigo de um contágio fascista. Trata-se sem dúvida, a cada vez, de uma maneira de "fazer mito", ou de não o fazer.

4) No interior do fenômeno geral das ideologias totalitárias nós nos detemos aqui sobre a diferença específica, ou sobre a natureza própria do nacional-socialismo.

Nesse plano onde nós entendemos nos situar, essa especificidade pode ser visada, de resto, de um modo totalmente clássico, a partir de dois enunciados:

1. o nazismo é um fenômeno especificamente alemão;
2. a ideologia do nazismo é a ideologia racista.

Da conjunção desses dois enunciados não devemos evidentemente deduzir que o racismo é apanágio exclusivo dos Alemães. Nós conhecemos o suficiente o lugar ocupado pelos autores franceses e ingleses nas origens da ideologia racista. Também aqui não se espere de nós um questionamento simplificador e cômodo da Alemanha, da alma alemã, da essência do povo alemão, da germanidade etc. Pelo contrário.

É incontestável que existiu e talvez ainda exista um problema alemão. A ideologia nazista foi um tipo de resposta a esse problema, totalmente determinada, politicamente determinada. E não existe dúvida quanto ao fato de que a tradição alemã e em particular a tradição do pensamento alemão não é de modo algum estrangeira a essa ideologia. Mas isso não quer dizer que aquela seja responsável por esta e, portanto, condenável por inteira. Existe um abismo entre uma tradição de pensamento e a ideologia que vem, sempre de modo abusivo, inscrever-se sobre ela. O nazismo não está mais em Kant, em Fichte, em Hölderlin ou em Nietzsche (todos pensadores solicitados pelo nazismo) — ele não está mesmo, no limite, mais no músico Wagner — do que o Gulag está em Hegel ou em Marx. Ou o Terror, com toda simplicidade, em Rousseau. Do mesmo modo, qualquer que tenha sido a sua mediocridade (com a qual deve-se, no entanto, pesar toda a sua ignomínia), o pétainismo não é razão suficiente para invalidar, por exemplo, Barrès ou Claudel. Deve-se condenar apenas o pensamento que se coloca deliberadamente (ou confusamente, emocionalmente) a serviço de uma ideologia e abriga-se atrás dela ou procura aproveitar da sua potência: Heidegger durante os primeiros dez meses do nazismo, Céline sob a Ocupação e um bom número de outros, nessa época ou desde então (e em outros lugares).

Desse modo nós somos levados a acrescentar ainda esse detalhamento: na mesma medida em que nos cabe aqui pôr a nu os traços específicos de uma figura que a história nos passou como "alemã", do mesmo modo, no entanto, nossa intenção está longe de querer apresentar essa história como objeto de um determinismo, tomando-se esse conceito sob o modelo do destino ou o de uma causalidade mecânica. Uma tal visão das coisas pertenceria antes e precisamente ao "mito" tal como queremos analisá-lo. Nós não propomos aqui uma interpretação da história como tal. Nosso tempo sem dúvida encontra-se ainda carente de meios para poder desenvolver, nesse domínio, interpretações que não estejam mais contaminadas pelo pensamento mítico ou mitificante. É para além deste que a história como tal espera ser pensada novamente.

Portanto, a tarefa aqui é a de compreender antes de mais nada como pôde se formar a ideologia nazista (o que tentaremos descrever como o *mito nazista*) e, mais precisamente, por que a figura alemã do totalitarismo é o racismo.

Existe uma primeira resposta para essa questão, fundada sobre a noção de eficiência política (e na verdade também técnica) da qual, no fim das contas, Hannah Arendt propõe a fórmula básica, por exemplo, em frases como essas:

As *Weltanschauungen* e as ideologias do século XIX não são totalitárias nelas mesmas, e, ainda que o racismo e o comunismo tenham se tornado as ideologias decisivas do século XX, elas não eram, no princípio, mais "totalitárias" que as demais; isso ocorreu porque os princípios sobre os quais na sua origem repousava a experiência delas — a luta das raças pela dominação do mundo, a luta das classes para a tomada do poder político nos diferentes países — revelaram-se mais importantes em termos políticos que os das demais ideologias.[7]

Mas essa primeira resposta não explica por que o racismo é a ideologia do totalitarismo alemão — ao passo que a luta de classes (ou ao menos uma das suas versões) é, ou foi, a do totalitarismo soviético.

Daí a necessidade de darmos uma segunda resposta, dessa vez específica, com relação ao nacional-socialismo, e dentro da qual nós tentaremos fazer intervir do modo mais rigoroso o conceito de *mito*. Essa resposta, na sua estrutura elementar, pode se articular em duas proposições:

1. é porque o problema alemão é fundamentalmente um problema de *identidade* que a figura alemã do totalitarismo é o racismo;

2. é porque o mito pode se definir como um *aparelho de identificação* que a ideologia racista foi confundida com a *construção* de um mito (e nós entendemos com isso

[7] Op. cit., p. 218.

o mito do Ariano, na medida em que ele foi elaborado deliberada, voluntária e tecnicamente *como tal*).

Dito secamente, é isso o que nós gostaríamos de mostrar.

A identificação mítica

Sem dúvida é necessário antes de mais nada adiantar o seguinte: desde o final do século XVIII a reflexão mais rigorosa sobre a relação existente entre o mito e a questão da identificação foi feita dentro da tradição alemã e em nenhum outro lugar.

A razão encontra-se antes de mais nada no fato de os Alemães — nós veremos por quê — lerem particularmente bem o grego e no fato de esse problema, ou essa interrogação sobre o mito, ser um problema muito antigo, herdado da filosofia grega. E sobretudo de Platão.

Nós sabemos que Platão construiu o político (e, com o mesmo gesto, delimitou o filósofo como tal) excluindo da pedagogia do cidadão, e de modo mais geral, do espaço simbólico da cidade, os mitos e as formas maiores da arte que estavam ligadas a eles. É de Platão que data a oposição cortante, crítica, entre os dois usos da palavra ou duas formas (ou modos) do discurso: o *mythos* e o *logos*.

A decisão platônica com relação aos mitos apoia-se sobre uma análise teológico-moral da mitologia: os mitos são ficções, e essas ficções contam mentiras sacrílegas sobre o divino. Consequentemente é necessário que se corrijam os mitos, que eles sejam expurgados, banindo-se deles todas essas histórias de parricídios e de matricídios, os assassinatos de todos os gêneros, as violações, os incestos, o ódio e as trapaças. E nós sabemos ainda que Platão empenha-se de um modo tenaz nessa correção, nessa tarefa ortopédica — que, portanto, não é uma pura e simples exclusão.

Por quê? Por um motivo essencial: os mitos, devido ao papel que eles desempenham na educação tradicional, devido ao seu caráter de referente geral na prática habitual dos gregos, levam a más atitudes ou a maus comportamentos éticos e políticos. Os mitos são socialmente nefastos.

Assim nós encontramos a nossa questão. Pois essa condenação do papel dos mitos supõe que se reconheça neles de fato uma função específica de *exemplaridade*. O mito é uma ficção no sentido forte, no sentido ativo de fabricação, ou, como Platão afirma, da "plástica": ele é portanto um *ficcionamento* [*fictionnement*] cujo papel é o de propor, ou mesmo de impor, os modelos ou os tipos (isso ainda é o vocabulário de Platão e nós logo veremos onde e como ele reaparecerá), tipos a serem imitados, dos quais um indivíduo — ou uma cidade, ou um povo inteiro — pode ele mesmo se apropriar e com eles se identificar.

Dito de outro modo, a questão que o mito põe é a do *mimetismo*, na medida em que apenas o mimetismo é capaz de assegurar uma identidade. (Ele o faz, é verdade, de um modo paradoxal: mas nós não podemos entrar aqui nos detalhes.[8]) A ortopedia platônica consiste então em endireitar o mimetismo em proveito de uma conduta racional, ou seja, "lógica" (conforme ao *logos*). Compreende-se por que, no mesmo movimento, Platão deve também purificar a arte, ou seja, banir e ritualmente expulsar da sua cidade a arte, na medida em que ela comporta, no seu modo de produção ou de enunciação, a *mimesis*: o que vale essencialmente, mas não exclusivamente, para o teatro e a tragédia. Desse modo indica-se, de resto, que o problema do mito é sempre indissociável do da arte, não tanto porque o mito seria uma criação ou uma obra de arte coletiva, mas antes porque o mito, como a obra de arte que o explora, é um instrumento de identificação. Ele é mesmo *o instrumento mimético* por excelência.

---

[8] Cf. Ph. Lacoue-Labarthe, "Diderot, le paradoxe et la mimesis", *L'imitation des modernes*, Paris, Galilée, 1987. (Em português: "O paradoxo e a mimese", Philippe Lacoue-Labarthe, *A imitação dos modernos*, Virgínia Figueiredo e João Camillo Penna (orgs.), São Paulo, Paz e Terra, 2000, pp. 159-79.)

A tradição alemã (na filologia clássica, na estética, na etnologia histórica etc.) reservará uma recepção particular para essa análise, acrescentando a ela, como nós o veremos, um elemento decisivo. Por isso que não devemos nos surpreender, por exemplo, de ver alguém como Thomas Mann, no seu elogio a Freud que significou a sua condenação pelos nazistas (e, portanto, um certo tempo após a sua ruptura com a ideologia da "revolução conservadora"), mobilizar essa tradição analisando "a vida no mito" como uma "vida em citação".[9] Desse modo, o suicídio de Cleópatra cita — ou seja, imita — um tal episódio do mito de Ishtar-Astarte. Do mesmo modo, não nos surpreenderemos com o fato de o *Doutor Fausto*, sem dúvida um dos melhores livros que foram escritos sobre o nazismo, ter por tema dominante — sem contar o seu dispositivo, que é abertamente mimético e agonístico — a questão da arte e do mito, considerados precisamente sob esse ângulo.

Dito isso, por que todo um estrato do pensamento alemão, ao menos desde o romantismo alemão, ligou-se de modo privilegiado a esse gênero de problemática — a ponto de postulá-la, como é o caso em Nietzsche, como a problemática central? E por que ao longo desse trabalho esse pensamento se dedicou com afinco — ainda segundo

---

[9] *Noblesse de l'esprit*, F. Delmas (trad.), Paris, Albin Michel, 1960.

uma expressão de Nietzsche — a "reverter o platonismo"? Por que o reitor Krieck, ideólogo mais que oficial do regime nazista, propôs-se a lutar contra o "recalque do mito realizado pelo logos (...) desde Parmênides até os nossos dias"? E por que Heidegger, que no entanto logo cessou de estar *a serviço* do nacional-socialismo (e a quem o mesmo Krieck hostilizava), pôde dizer que "a razão tão venerada há séculos é o inimigo mais furioso do pensamento"? Ou, ainda, que a História na sua origem não vem da ciência, mas de uma mitologia?

Nós não podemos aqui senão esboçar de modo muito esquemático uma análise difícil e complexa que deveria tratar de uma camada histórica bem precisa — entre a história das mentalidades, a história da arte e do pensamento e a história política: poderíamos denominá-la, na falta de um nome melhor, de história dos ficcionamentos.

De início, e para dizê-lo de modo abrupto, encontramos o seguinte: desde o esfacelamento da cristandade um espectro assombrou a Europa, o espectro da imitação. O que significa antes de mais nada: a imitação dos Antigos. Nós conhecemos o papel que o modelo antigo (Esparta, Atenas ou Roma) desempenhou na fundação dos Estados-nação modernos e na construção da sua cultura. Do classicismo da era de Luís XIV até a posse à antiga de 89 ou ao neoclassicismo do Império, desdobra-se todo um trabalho de estruturação política, no qual se realiza ao mesmo tempo uma identificação nacional e uma organização técnica do governo, da administração, de hierarquização, de dominação etc.[10] É nesse sentido que se deveria fazer entrar a *imitação histórica*, como de resto Marx o imaginou, entre os conceitos políticos.

Na história dessa Europa atormentada pela imitação, o drama da Alemanha não é simplesmente o de ser retalhada ao ponto de, como é bem conhecido, mal ter uma língua alemã ou qualquer obra de arte "representativa" até 1750 ter nascido nessa língua (já que mesmo a Bíblia de Lutero dificilmente pode ser considerada uma tal obra).

O drama da Alemanha é também o de sofrer dessa imitação *de segundo grau* e de se ver obrigada a imitar essa imitação da Antiguidade que a França ou a Itália não cessam de exportar durante ao menos dois séculos. A Alemanha, em outros termos, não está apenas privada de identidade, mas também escapa-lhe a propriedade do seu próprio meio de imitação. Desse ponto de vista, não é nada surpreendente que a Querela dos Antigos e dos Modernos tenha-se prolongado até tão tarde na

---

[10] Durante todo esse período, como é sabido, a Alemanha não possui um *Estado*. Ela corresponde antes ao que Dürrenmatt pôde assim descrever: "Os Alemães nunca tiveram um Estado, mas apenas o mito de um império sagrado. O patriotismo deles sempre foi romântico e, de qualquer modo, antissemita e também muito piedoso e respeitoso da autoridade." ("Sur le sentiment patriotique", *Libération*, 19 abr. 1990, tradução de um texto publicado em *Dokumente und Aussprachen*, Bonn, Bouvier, 1989.)

Alemanha, ou seja, ao menos até os primeiros anos do século XIX. E nós poderíamos perfeitamente descrever a emergência do nacionalismo alemão como a longa história da *apropriação dos meios de identificação*. (De resto, talvez seja isso que defina em parte o conteúdo das "revoluções conservadoras", marcadas, não podemos nos esquecer, pelo ódio contra o "cosmopolitismo".)

O que, portanto, faltou à Alemanha, praticamente, é o seu sujeito [*sujet*], ou poder ser o sujeito do seu próprio devir (e a metafísica moderna, sendo metafísica do Sujeito, não por acaso realizou-se totalmente aí). Consequentemente, o que a Alemanha quis construir foi um tal sujeito, o seu próprio sujeito. Daí o seu voluntarismo intelectual e estético e o que Benjamin, um pouco antes de 1930, notou como sendo uma "vontade de arte" nesse eco da era barroca que o expressionismo representava aos seus olhos. Se a obsessão ou o medo dos Alemães foi não poderem se tornar artistas, não poderem ascender à "grande arte", se na arte ou na prática deles frequentemente encontra-se uma tal aplicação e tantos motivos teóricos, é porque o que estava em jogo não era nada menos que a identidade deles (ou a vertigem de uma ausência de identidade).

Mas isso não é tudo: podemos dizer, sem sombra de dúvida, que o que dominou desse ponto de vista a história alemã é uma impiedosa lógica do *double bind* (desse duplo vínculo contraditório com o qual Bateson, seguindo Freud nesse ponto, explica a psicose). No sentido preciso do termo, a doença que sempre terá ameaçado a Alemanha é a esquizofrenia, sob a qual tantos dos seus artistas teriam sucumbido.

Por que uma lógica do *double bind*? Porque a apropriação do meio de identificação, simultaneamente, deve e não deve passar pela imitação dos Antigos, ou seja, antes de mais nada, dos Gregos. Ela deve, porque não existe outro modelo senão o dos Gregos (uma vez esfacelada a transcendência religiosa com as estruturas políticas correspondentes: temos de recordar que foi o pensamento alemão que proclamou a "morte de Deus" e que o romantismo médio fundou-se sobre a nostalgia da cristandade medieval). Ela não deve, porque esse modelo grego já serviu a outros. Como responder a esse duplo imperativo contraditório?

Provavelmente existiram, no conjunto do pensamento alemão, duas saídas: uma saída antes de mais nada teórica, ou seja, para sermos precisos, *especulativa*. É a saída fornecida pela dialética, pela lógica da permanência e da supressão, da elevação a uma identidade superior, e da resolução em geral da contradição. Hegel é o seu representante mais visível e (talvez) o mais rigoroso, mas ele não possui, na própria era do "idealismo especulativo", o monopólio do esquema geral dessa solução. Esta, de resto, abre particularmente o caminho até Marx. Essa saída dialética representa sem dúvida, contrariamente ao que pensava Nietzsche (e nós sabemos até onde a obsessão pela identidade o levou), a esperança com relação a uma "saúde". Mas nós não podemos nos demorar aqui nessa primeira via.

Por outro lado parece ter existido a saída estética ou a esperança em uma saída estética; e queremos nos concentrar nela, porque não é a troco de nada que ela está na "doença" nacional-socialista.

Qual é o seu princípio?

É o do recurso a outros gregos que não os que haviam sido utilizados até então (ou seja, no neoclassicismo francês). Já Winckelmann havia dito: "Devemos imitar os Antigos para nos tornarmos, se possível, inimitáveis."[11] Mas restava saber o que poderia ser exatamente imitado nos Antigos de modo a diferenciar radicalmente os Alemães.

Nós sabemos que o que os Alemães descobriram, no alvorecer do idealismo especulativo e da filologia romântica (na última década do século XVIII, em Iena, entre Schlegel, Hölderlin, Hegel e Schelling) é que existiram, na verdade, duas Grécias: uma Grécia da medida e da clareza, da teoria e da arte (no sentido próprio desses

---

[11] "Sobre a imitação das pinturas e das esculturas gregas." [*Von der Nachahmung der griechischen Werke in der Malerei und Bildhauerkunst*, 1755.]

termos), da "bela forma", do rigor viril e heroico, da lei, da Cidade, do dia; e uma Grécia subterrânea, noturna, sombria (ou muito ofuscante) que é a Grécia arcaica e selvagem dos rituais unanimistas, dos sacrifícios sangrentos e da ebriedade coletiva, do culto aos mortos e à Mãe-Terra — em suma, uma Grécia mística sobre a qual a primeira se edificou de modo difícil ("recalcando-a"), mas que sempre permaneceu surdamente presente até o esfacelamento final, em particular na tragédia e na religião dos mistérios. É de um tal desdobramento da "Grécia" que nós podemos seguir os traços em todo o pensamento alemão desde, por exemplo, a análise hölderlineana de Sófocles ou da *Fenomenologia do Espírito*, até Heidegger, passando pelo *Mutterrecht* de Bachofen, pela *Psique* de Rohde, ou pela oposição entre o apolíneo e o dionisíaco que estrutura o *Nascimento da Tragédia*.

É claro que simplificamos um pouco: todas as descrições dessa Grécia dupla não coincidem entre si — longe disso —, e de um autor a outro os princípios de avaliação divergem na maioria das vezes de modo bem sensível. Mas se nós tirarmos (de modo abusivo) uma espécie de média — e a ideologia não procederá de outro modo —, poderemos avançar que essa descoberta implica de modo geral um certo número de consequências decisivas.

Nós destacaremos quatro:

1) Essa descoberta permite evidentemente promover um modelo histórico novo, inédito e pôr de lado a Grécia neoclássica (a Grécia francesa, a saber, antes disso, a Grécia romana e renascentista). O que autoriza ao mesmo tempo uma identificação da Alemanha com a Grécia. Devemos notar que essa identificação fundar-se-á antes de mais nada sobre uma identificação da língua alemã com a língua grega (no começo, evidentemente, tudo é filológico).

Isso significa que seria errôneo pensar de modo por demais simplificado que a identificação se fez sem mais com a outra Grécia, com a Grécia esquecida e mística: sempre existiu um pouco disso, mas, devido a um certo número de razões de que nós ainda iremos tratar, nunca houve apenas isso. A identificação com a Grécia nunca teve a forma privilegiada do culto a Baco.

Isso significa também, por outro lado, que esse tipo de identificação, especificamente linguística na origem, conjugou-se precisamente com a palavra de ordem de uma "nova mitologia" (Hölderlin, Hegel e Schelling em 1795),[12] ou com aquela da construção necessária do "mito do porvir" (Nietzsche, via Wagner, nos anos 80). Com efeito, a essência da língua grega original, do *mythos*, é ser, como a língua alemã, capaz de *simbolização*, e,

---

[12] Referência ao famoso texto "Das ältest Systemprogramm des deutschen Idealismus" de autoria indeterminada e atribuída a Hölderlin, Hegel e Schelling. (N.T.)

desse modo, capaz de produzir ou de formar "mitos condutores" para um povo ele mesmo definido linguisticamente. A identificação deve, portanto, passar pela construção de um mito e não pelo simples retorno aos mitos antigos. De Schelling a Nietzsche não faltam exemplos de tentativas desse gênero.

Consequentemente a construção do mito será forçosamente teórica e filosófica, ou, se preferirmos, ela será consciente mesmo se ela se fizer dentro do elemento da poesia. Ela deverá portanto assumir o modo da alegoria, como no *Ring* de Wagner, ou no *Zaratustra* de Nietzsche. Assim será superada dialeticamente a oposição entre a riqueza da produção mítica primitiva (que é inconsciente) e a universalidade abstrata do pensamento racional, do Logos, das Luzes etc. Segundo um esquema estabelecido por Schiller no seu ensaio sobre *Poesia ingênua e poesia sentimental*, a construção do mito moderno (ou, o que é equivalente, da obra de arte moderna) sempre será pensada como o resultado de um processo dialético. E é exatamente por isso que o que nós denominamos "a saída estética" é inseparável da saída teórica ou filosófica.

2) A mesma lógica (dialética) está trabalhando naquilo que poderíamos chamar de mecanismo da identificação. Nessa relação devemos distinguir de modo

muito rigoroso entre a utilização que é feita de uma ou de outra Grécia.

A Grécia — digamos sempre para sermos breves — "mística" fornece de modo geral não diretamente um modelo, mas antes um recurso, ou seja, a ideia de uma energia que assegura e faz funcionar a identificação. Ela está encarregada, em suma, de fornecer a *força identificadora*. Eis por que a tradição alemã acrescenta à teoria grega e clássica da imitação mítica, da *mimesis* — ou desenvolve com muita insistência —, o que, por exemplo, em Platão não estava no fim das contas senão em germe, a saber, uma teoria da fusão ou da participação mística (da *methexis*, como dirá, em outro contexto, Lévy-Brühl),[13] da qual a experiência dionisíaca, tal como Nietzsche a descreveu, no fundo fornece o melhor exemplo.

Mas isso não significa que o modelo a imitar provenha imediatamente ou seja pensado como devendo provir imediatamente da indiferenciação mística. Pelo contrário: na efusão dionisíaca — para permanecermos ainda em terreno nietzschiano — e saída dessa efusão, o que aparece é uma imagem simbólica, semelhante, diz Nietzsche, a "uma imagem de sonho". Essa imagem é, com efeito, a imagem cênica (a personagem, ou melhor, a figura, a *Gestalt*) da tragédia grega. Ela emerge do "espírito da

---

[13] Cf. *Les carnets*, Paris, PUF, 1949.

música" (a música sendo, como também Diderot o sabia, o elemento próprio da efusão), mas ela engendra-se dialeticamente da luta amorosa desse princípio dionisíaco com a resistência figural apolínea. O modelo ou o tipo é, desse modo, essa formação de compromisso entre o dionisíaco e o apolíneo. Assim explica-se, de resto, o heroísmo trágico dos gregos, devido em grande parte, segundo Nietzsche (e esse tema não será esquecido), ao povoamento nórdico dos Dórios, os únicos que se mostraram capazes de se recuperar diante da dissolução perniciosa que o misticismo oriental provocava.

3) Tudo isso dá conta do privilégio concedido, na problemática alemã da arte, ao teatro e ao drama musical, ou seja, à repetição da tragédia e do festival trágico, as melhores entre as formas da arte no que toca ao desencadear do processo de identificação. Eis por que Wagner, muito mais que Goethe, imaginar-se-á como o Dante, o Shakespeare ou o Cervantes da Alemanha. E eis por que ele terá em mira de modo deliberado, com a fundação de Bayreuth, um objetivo político: o da unificação do povo alemão por meio de celebração e cerimonial teatral (unificação comparável àquela da cidade no ritual trágico). E é nesse sentido fundamental que devemos compreender a exigência de uma "obra de arte total". A totalização não é somente estética: ela acena em direção ao político.

4) Assim nós talvez possamos compreender melhor por que o nacional-socialismo não representou simplesmente, como Benjamin o disse, uma "estetização da política" (à qual se poderia ter respondido, ao modo de Brecht, apenas com uma "politização da arte": pois um totalitarismo também é perfeitamente capaz de dar conta disso), mas uma fusão da política com a arte, *a produção do político como obra de arte*. Já para Hegel o mundo grego era o da "cidade como obra de arte". Mas o que em Hegel permanece dentro do primeiro dos dois tipos de referência à Grécia e, de resto, não abre para nenhuma proposição de imitação, passou desde então para o segundo tipo de referência e tornou-se uma incitação à produção. O mito nazista, como Syberberg o mostrou admiravelmente (sem o *Hitler, um filme da Alemanha*, a análise que nós fazemos aqui não teria sido possível),[14] é a construção, a formação e a produção do povo alemão na, pela e como obra de arte. O que o distingue talvez radicalmente, tanto da referência hegeliana que acabamos de recordar, da simples "citação" estética própria à Revolução francesa e ao Império (mas esse fenômeno de massa apenas começava a despontar), ou mesmo ainda do fascismo italiano.

---

[14] Mas isso não significa que nós seguimos Syberberg nas suas recentes declarações filoprussianas nostálgicas (no padrão mais banal dos neorromantismos) e, infelizmente ainda uma vez, antissemitas. [Os autores se referem aqui antes de mais nada ao livro de Hans Jürgen Syberberg, *Von Unglück und Glück der Kunst in Deutschland nach dem letzten Kriege*, Munique, Matthes & Seitz, 1990. (N.T.)]

A construção do mito nazista

É hora de tratar do conteúdo em si do mito nazista. Conforme o que precede, não deveremos tratar tanto (ou apenas um pouco) *dos* mitos disponíveis utilizados pelo nazismo, mas sim da construção de um novo mito, uma construção na qual a história que nós acabamos de recordar põe-se em obra, ou melhor, mais exatamente, vem a propor a si mesma como obra realizada.

A construção desse mito foi precedida, desde o final do século XIX, e não apenas na Alemanha, por uma construção, mais do que amplamente esboçada, do mito ariano. Mas não podemos tratar dele aqui. O que nos deve deter é a construção específica do mito nazista. Ou seja, daquilo que não representa o mito *dos* nazistas, mas o nazismo, o nacional-socialismo em si como um mito. A característica do nazismo (e em muitos aspectos, a do fascismo italiano) é a de ter proposto o seu próprio movimento, a sua própria ideologia e o seu próprio Estado, como a realização efetiva de um mito, ou como um mito vivo. Como Rosenberg o afirma: Odin morreu, mas de outro modo, como essência da alma germânica, Odin ressuscita sob nossos olhos.

Nós vamos tentar reconstituir essa construção a partir de *O mito do século XX*, de Rosenberg, e *Mein Kampf*, de Hitler. Nós os colocamos nessa ordem, apesar de o primeiro ter sido publicado em 1930 e o segundo em 1927, pois o segundo representa, evidentemente, no seu alcance mais direto, o programa que foi efetivamente transposto na prática. O livro de Rosenberg, em contrapartida, constitui um dos mais célebres acompanhamentos teóricos desse programa. Ele não foi o único e, de resto, não foi aceito sem restrições por todos os nazistas (especialmente na sua virulência anticristã). Mas a sua leitura foi praticamente obrigatória e a edição que utilizamos, de 1934, é a de número 42 e corresponde a 203 mil exemplares... (É verdade que a edição de *Mein Kampf* da qual nos servimos é, em 1936, a de número 184, com 2.290.000 exemplares...)

Precisaríamos ter tempo para nos determos no estilo (se é que se trata disso) desses livros, que se assemelham em muitos aspectos. Na sua composição assim como na língua que praticam, eles procedem sempre pela acumulação afirmativa e nunca, ou raramente, via argumentação. Trata-se de uma sobreposição, frequentemente confusa, de evidências (ao menos apresentadas como tais) e de certezas repetidas de modo infatigável. Martela-se uma ideia, coloca-se na sua base tudo o que parece poder lhe convir, sem fazer análises, sem discutir objeções, sem dar referências. Não há nem saber a estabelecer, nem pensamento a conquistar. Há apenas uma verdade a declarar, já conquistada, totalmente disponível. Já nesse plano, em suma, lança-se mão implicitamente não de um *logos*, mas de uma espécie de enunciação mítica, que no entanto não é poética, mas que busca toda sua energia na potência nua e imperiosa da própria afirmação.

Esse "estilo" responde ao "pensamento" do mito proposto por Rosenberg. Para ele, com efeito, o mito não é a princípio a formação específica que nós designamos sob essa palavra, ou seja, a de uma narração simbolizando uma origem. As narrações míticas pertencem à idade mitológica, ou seja, para Rosenberg, a uma idade ultrapassada que era aquela de uma "simbolização negligente da natureza" (p. 219). Como todo bom positivista, cientista ou *Aufklärer* — e de uma maneira, nesse ponto, bem pouco romântica —, Rosenberg julga essa idade mitológica, ingênua. Ele também critica aqueles que querem voltar às fontes germânicas da mitologia (perdemos o nosso tempo querendo voltar a Edda, afirma-se à mesma página). A religião de Wotan está morta, ela devia morrer (cf. pp. 6, 14 e 219). O mito não é, portanto, o mitológico. O mito propriamente dito, mais do que uma coisa, um objeto ou uma representação, é uma potência.

O mito é, assim, a potência de reunião das forças e das direções fundamentais de um indivíduo ou de um povo, a potência de uma identidade subterrânea, invisível, não-empírica. O que deve ser compreendido antes de tudo em oposição à identidade geral, desencarnada, do que Rosenberg denomina os "absolutos sem limites" (p.

22) e que são todos os Deuses ou todos os Sujeitos da filosofia, o de Descartes assim como o de Rousseau ou como o de Marx. Contra essas identidades dissolvidas na abstração, o mito designa a identidade como diferença própria e a sua afirmação.

Mas também e antes de mais nada ele designa essa identidade como a identidade de algo que não é dado, nem como um fato, nem como um discurso, mas que é *sonhado*. A potência mítica é propriamente a do sonho, a da projeção de uma imagem com a qual nos identificamos. O absoluto, com efeito, não pode ser qualquer coisa que se coloque fora de mim, ele é o sonho com o qual eu posso me identificar. E se existe hoje, diz Rosenberg, um "despertar mítico", é porque "nós recomeçamos a sonhar nossos sonhos originários" (p. 446). No sonho originário não se trata de Wotan nem do Walhalla, formas mitológicas e desgastadas do sonho, mas da essência mesma desse sonho. Nós logo veremos o que é essa essência, mas ela já se anuncia desse modo: "Os Wikings não eram apenas os guerreiros conquistadores como muitos outros, eles *sonhavam* com a honra e com o Estado, em reinar e em criar" (id.). Ora, precisa Rosenberg, a Alemanha como tal ainda não sonhou, ela ainda não sonhou o *seu* sonho. Ele cita Lagarde: "Nunca houve o Estado alemão." Ainda não existiu a identidade mítica, ou seja, a verdadeira — e potente — identidade da Alemanha.

Assim, a verdade do mito vincula-se a duas coisas:

1) à crença nele: o que faz do mito verdade é a adesão do sonhador ao seu sonho. "Um mito só se torna verdadeiro quando ele apanhou o homem por inteiro" (p. 521). É necessária uma crença total, uma adesão imediata e sem reservas com a figura sonhada, para que o mito seja o que ele é, ou ainda, e se nos for permitido assim dizer, para que essa figura tome figura. Daí essa consequência importante: para os "crédulos" nesse sentido, o constrangimento do povo à crença, a imposição simbólico-mítica não é apenas uma técnica eficaz, mas também uma medida da verdade. (E nós conhecemos, de resto, as páginas onde Hitler expõe a necessidade da propaganda em massa.);

2) ao fato de o mito, ou o sonho, ter por natureza e por fim a encarnação em uma figura ou em um *tipo*. Mito e tipo são indissociáveis. Pois o tipo é a realização da identidade singular que o sonho porta. Ele é ao mesmo tempo o modelo da identidade *e* a sua realidade apresentada, efetiva, *formada*.

É assim que nós chegamos a uma sequência essencial na construção do mito:

Rosenberg declara: "A liberdade da alma é *Gestalt*..." (p. 529) (forma, figura, configuração, ou seja, ela não é nada abstrato, geral, ela é capacidade de pôr em figura, de encarnar). "A *Gestalt* é sempre limitada plasticamente..." (sua essência é possuir uma forma, diferenciar-se; o "limite", aqui, é o limite que destaca a figura de um fundo, que isola e que distingue um *tipo*). "Essa limitação é condicionada pela raça..." (é assim que nós chegamos ao conteúdo do mito: a raça é a identidade de uma potência de formação, de um tipo singular; uma raça é o portador de um mito). "Mas essa raça é a figura exterior de uma alma determinada."

Esse último traço é um *leitmotiv* de Rosenberg e é reencontrado mais ou menos explicitamente por toda parte em Hitler: uma raça é uma alma e, em certos casos, uma alma genial (*MK*, p. 321), no interior da qual também existem, de resto, diferenças individuais e indivíduos geniais que exprimem melhor ou que formam melhor o *tipo*. O que quer portanto dizer que uma "raça" é antes de tudo o princípio e o local de uma potência mítica. Se o mito nazista se determina a princípio como mito da "raça", é porque ele é o mito do Mito, ou seja, o mito da potência criadora do mito em geral. Como se as raças fossem elas mesmas antes de mais nada os *tipos sonhados* por uma potência superior. Rosenberg cita novamente Lagarde: "as nações são os pensamentos de Deus".

Esse princípio do *tipo* como identidade singular, absoluta, concreta, como efetuação do mito, é o que

Hitler justifica laboriosamente — e, de resto, muito rapidamente, pois no fundo ele despreza uma justificação positiva — com o exemplo das espécies animais que se acasalam apenas no interior do mesmo tipo, enquanto os bastardos são "degenerados".

Nesse sentido é essencial revelar que o Judeu não é simplesmente uma raça ruim, um tipo defeituoso: ele é o antítipo, o bastardo por excelência. Ele não possui cultura própria, diz Hitler, e mesmo não tem religião própria, pois o monoteísmo é anterior a ele. O Judeu não possui *Seelengestalt* (forma ou figura da alma) e, logo, não possui *Rassengestalt* (forma ou figura da raça): a sua forma é informe. Ele é o homem do universal abstrato, oposto ao homem da identidade singular e concreta. Rosenberg precisa também que o Judeu não é o "antípoda" do Germânico, mas a sua "contradição", o que sem dúvida quer dizer que não se trata de um *tipo* oposto, mas da ausência mesma do tipo, como perigo presente em todo vir a ser bastardo, que também é sempre parasitagem.

Estabelece-se assim um mecanismo que pode ser descrito da seguinte maneira:

1) é necessário despertar a potência do mito diante da inconsistência dos universais abstratos (da ciência, da democracia, da filosofia) e diante do desabamento

(completado com a guerra de 1914-18) das duas crenças da era moderna: o cristianismo e a crença no humanismo (que também são sem dúvida, mesmo que Rosenberg não o diga, mitos degenerados e talvez "judaizados" e em todo caso exangues, próprios à época que perdeu o sentido da raça, o sentido do mito);

2) portanto é necessário despertar a potência da raça, ou do povo, a potência *völkisch*, que se caracterizará precisamente como a força produtiva, ou formativa, do mito e como a sua realização, ou seja, como a adesão ativa do povo ao seu mito. Essa adesão toma, desde então, o nome de "mística", com o qual Rosenberg quer designar, para além de uma simples crença, a participação total no tipo. É assim, por exemplo, que ele escreve: "a vida de uma raça, de um povo, não é uma filosofia com desenvolvimento lógico, nem um processo desenvolvendo-se segundo leis naturais, mas é a formação de uma síntese mística" (p. 117).

De fato, para além da filosofia e do saber em geral, o reconhecimento místico é menos *Erkenntnis* do que uma *Bekenntnis*, ou seja, menos um conhecimento do que um "reconhecimento", uma confissão no sentido de uma confissão de fé. Do mesmo modo e segundo uma oposição semelhante à filosofia, Hitler declara que se trata de produzir uma *Glaubenserkenntnis*, uma profissão ou um ato de fé (*MK*, p. 508).

3) esse ato de fé trata, em cada povo, do seu mito próprio, ou seja, da projeção e de um projeto originais da sua identidade. (Consequentemente, para os Germânicos, da identidade germânica.) Mas esse ato de fé é realmente um ato. Ele não consiste apenas em uma atitude espiritual, ao menos no sentido ordinário dessa palavra. A relação "mística" com o mito é da ordem da experiência vivida (*Erlebnis*, um conceito-chave na época). Existe uma "experiência mítica" (Rosenberg, p. 146), o que quer dizer que o mito não é verdadeiro senão quando *vivido*. Do mesmo modo que ele deve formar um tipo efetivo, o ato de fé deve ser imediatamente o vivido desse tipo. (Daí os símbolos da ordem mítica — uniformes, gestos, paradas, entusiasmo cerimonial — assim como os movimentos de juventude ou as associações de todos os gêneros não serem apenas técnicas, mas fins em si: eles encarnam a finalidade de um *Erlebnis* total do tipo. A simbólica não é apenas um ponto de orientação, mas uma realização do sonho.)

No entanto, para que esse esquema fique completo deve-se atingir a especificidade — a saber, o privilégio e o privilégio absoluto — de *uma* raça e de *um* tipo. O que exige duas determinações suplementares:

1) a raça, o povo, liga-se ao *sangue* e não à língua. Essa afirmação é sempre retomada por Rosenberg e por Hitler: o sangue e o solo, *Blut und Boden*. (Hitler ilustra-o explicando que não se transformará um negro em um alemão ensinando alemão a ele.) Em muitos sentidos essa afirmação significa um corte na tradição (romântica em particular) de uma busca ou de um reconhecimento de identidade por meio da língua. O mito tratado na tradição identifica-se frequentemente ao *mythos* como língua original, oposto ao *logos*. Aqui, ao contrário, o mito torna-se de certo modo o sangue e o solo de onde, em suma, ele jorra. Esse deslocamento possui sem dúvidas diversas razões:

— a Alemanha, como mito ainda não realizado do século XX, não é mais o problema de língua que ela foi até o século XVIII, mas um problema de unidade material, territorial e estatal. É o solo (a *natureza* imediata da Alemanha) que deve ser "tipado" e, com ele, o sangue dos Alemães;

— se o mito ariano, como nós o veremos, é reconhecido em outros territórios linguísticos (antes de tudo grego, mas também latino e nórdico), deve-se buscar nele outra identidade além da língua;

— apesar da sua especificidade, a língua pertence, em princípio, ao elemento do universal. Ao menos ela arrisca, caso ela não seja alimentada de sangue, sempre aparecer do lado do que permanece formal e sem substância. O sangue, pelo contrário, é a natureza, é a seleção natural (com um darwinismo como pano de fundo) e é assim o motivo de uma "vontade de natureza" (*MK*, pp. 311 e 422) que é vontade de diferença, de distinção, de individuação. (Assim é a natureza que engendra o processo das identidades míticas: é a natureza que sonha e que se sonha nos seus tipos.)

É assim, no caso particular, que existe um sangue ariano, que Rosenberg faz remontar à Atlântida.

2) Por que os arianos? Por que eles são os portadores do mito solar. Eles são os portadores desse mito porque, para os povos do Norte, o espetáculo do sol é impressionante, na mesma medida da sua raridade. O mito ariano é o mito solar, oposto aos mitos da Noite, às divindades ctônicas. Daí os símbolos solares e a suástica.

Por que o mito solar? Poderíamos dizer sem arbitrariedade que, para Rosenberg, esse mito da claridade apresenta a claridade do mito de um modo geral. Ele escreve, por exemplo: "A experiência mítica é clara como a luz branca do sol" (p. 146). O mito do sol não é nada menos que o mito daquilo que faz surgir as formas como tais, na sua visibilidade, na silhueta da sua *Gestalt*, ao mesmo tempo em que é o mito da força ou do calor que permite a formação mesma dessas formas. Dito de outro modo — e sem voltar ao que foi dito do culto da luz e do meridional —, o mito solar é o mito da própria força formadora, da potência original do *tipo*. O sol é a força da distinção típica. Ou, ainda, o sol é o *arque-tipo*. O Ariano não é apenas um tipo dentre os demais, ele é o tipo no qual se apresenta (sonha-se e se encarna) a potência mítica, a natureza mãe de todos os tipos. Esse privilégio desenvolve-se segundo três eixos principais:

1) O Ariano é o fundador de civilização por excelência, o *Kulturbegründer* (fundador de civilização) ou o *Kulturschöpfer* (criador de civilização) oposto ao simples "portador de civilização" (*Kulturträger*). "Em poucos milênios e mesmo em poucos séculos, os Arianos criaram as civilizações que portavam desde a origem, de modo completo, os traços interiores de suas essências" (*MK*, p. 319). Esse povo é o povo, ou o sangue, da criação imediata (e, em suma, genial) das formas perfeitas.

2) Os grandes Arianos da Antiguidade são os Gregos, ou seja, o povo que produziu o mito como *arte*. Os Gregos formaram a sua alma (o seu sangue), eles produziram a *Darstellung* (apresentação) ou a *Gestaltung* (formação ou figuração) da mesma, precisamente na distinção absoluta

da forma, na arte. Diante da arte dos Gregos nós temos a experiência do *Formwillen*, do querer da forma, ou do querer-formar. Também a partir dos Gregos e para a Europa, a arte é um fim em si, uma religião em si. O que aqui antes de mais nada não quer dizer "arte pela arte", mas o que Rosenberg denomina "uma arte orgânica, engendrando a vida" (p. 448). Wagner conta muito nessa consideração, mas mais ainda a compreensão da *vida* como arte e, assim, do corpo, do povo, do Estado como obras de arte, ou seja, como formas perfeitas da vontade, como identificações completas da imagem sonhada.

3) Os grandes Arianos do mundo moderno são os místicos alemães e sobretudo Mestre Eckhardt (deixemos de lado o incrível uso de sua história e das suas obras por parte de Rosenberg). Pois Eckhardt abriu a possibilidade definitivamente moderna do mito ao produzir o mito da *alma livre*. A pura interioridade da alma (da qual a raça é o exterior) é provada na experiência mística, maior que o próprio universo, e livre de tudo, de Deus antes de mais nada. O mito anuncia-se então em toda a sua pureza: trata-se de *se* formar, de se *tipar* e de se tipar como livre criador absoluto (e, consequentemente, *auto*-criador). Rosenberg escreve: "Odin estava morto e ele continua morto; mas o místico alemão descobriu o 'Potente de cima' na sua própria alma" (p. 219).

A alma ou a personalidade, ou o "gênio", encontram-se nela mesma como o seu "mito" o mais próprio, ou ainda: a alma engendrando-se do seu próprio sonho, no fundo, não é outra coisa senão o Sujeito absoluto, autocriador, um sujeito que não apenas possui uma posição cognitiva (como aquele de Descartes), ou espiritual (Eckhardt), ou especulativa (Hegel), mas que reuniria e transcenderia todas essas determinações em uma posição imediata e absolutamente "natural": no sangue e na raça. A raça Ariana *é*, desse modo, *o* Sujeito. Nela a autoformação efetua-se e encarna-se nesse "egoísmo coletivo e sagrado que é a Nação" (Hitler, em uma entrevista de 1933).

Também o tema central dessa "alma" e de sua *Gestaltung* resume-se no fim das contas ao seguinte: primeiramente à criação e à dominação civilizatória por meio do sangue; em segundo lugar, à preservação do sangue, ou seja, à *honra*. No fim, existe apenas uma escolha mítica possível que é a escolha entre o *amor* e a *honra* (cf. Rosenberg, p. 146). A escolha originária do Ariano, ou que faz o Ariano, é a escolha da honra da raça.

A maioria dos traços fundamentais dessa construção encontra-se novamente em Hitler, como já foi visto. Mas eles encontram-se aí novamente naquilo que nós poderíamos designar como a versão — dessa vez integralmente moderna, politizada e tecnicista — da construção do mito.

O que quer dizer que *Mein Kampf* apresenta uma versão resolutamente "prática" da construção do mito. Mas nós compreendemos agora que a "prática" não sucede aqui à "teoria": ela lhe é, por assim dizer, inerente ou imanente, se a lógica do mito não fosse outra coisa senão a lógica da sua autoefetuação, ou seja, da autoefetuação da raça ariana como autoefetuação da civilização em geral. O mito efetua-se, muito rigorosamente, como "nacional--socialismo". O que implica algumas determinações suplementares que nós enumeramos para terminar:

1) O combate necessário a partir de agora é, antes de mais nada, um combate de ideias, ou um combate "filosófico" (Hitler não fala de mito: ele fala a linguagem da racionalidade moderna). A "força brutal" não pode nada se ela não se apoia sobre uma grande ideia. Ora, a calamidade e o mal do mundo moderno é a dupla ideia, abstrata e desencarnada, impotente, do indivíduo e da humanidade. Dito de outro modo, a social-democracia e o marxismo. Consequentemente: "O eixo central do programa nacional-socialista consiste em abolir o conceito liberal de indivíduo assim como o conceito marxista de humanidade e substituí-los pelo de comunidade do *Volk*, enraizado no seu solo e unido pelas cadeias de um mesmo sangue" (Hitler no Reichstag, 1937). O combate deve ser um combate pela

realização efetiva desse conceito, que não é outro senão o conceito de mito.

2) O combate é então combate por aquilo que Hitler denomina segundo a tradição filosófica e que ocupa no seu discurso a posição de mito: a *Weltanschauung*, a "visão de mundo" (havia um departamento oficial da *Weltanschauung*). O nazismo é antes de mais nada "formação e realização da sua imagem *weltanschaulich*" (*MK*, p. 680), ou seja, construção e conformação do mundo segundo a visão, a imagem do criador de formas, do Ariano. O "combate *weltanschaulich*" (id.) não é uma empresa qualquer de dominação: ele é uma empresa de conformação do mundo (como aquelas de Alexandre e de Napoleão). O mundo ariano deverá ser muito mais que um mundo submetido e explorado pelos arianos: ele deverá ser um mundo tornado ariano (e é por isso que é necessário eliminar-se o não-tipo por excelência, o Judeu, do mesmo modo que alguns outros tipos degenerados). A *Weltanschauung* deve encarnar-se de modo absoluto, eis por que ela exige "uma alteração completa da vida pública inteira segundo os seus pontos de vista, as suas *Anschauungen*" (*MK*, p. 506). O *Anschauen*, o "ver" como intuição, indo ao coração das coisas e *formando* o ser mesmo, esse "ver" de um "sonho" ativo, prático, operatório, constitui o coração do processo "mítico-típico",

que torna-se desse modo o sonho efetivo do "Reich de mil anos".

3) Eis por que a *Weltanschauung* é absolutamente intolerante e não pode figurar como "um partido ao lado dos outros" (*MK*, p. 506). Não é uma simples opção filosófica, nem uma escolha política: é a própria necessidade da criação, do sangue criador. Ela também deve ser objeto de uma crença e funcionar como uma religião. A crença não surge por si, ela deve ser despertada e mobilizada nas massas. "A mais bela concepção teórica fica sem valor e sem objetivo se o *Führer* não pode pôr as massas em movimento em direção a ela" (*MK*, p. 269), na mesma medida em que as massas são acessíveis antes de mais nada aos fatores afetivos de mobilização.

(Essa manipulação da crença "weltanschaulich" exigiria um estudo suplementar para mostrar como sem dúvida é difícil separar, em Hitler, a convicção da manobra. Ao mesmo tempo, ele desenvolve com todas as suas consequências a lógica de uma crença que é a sua e à qual ele se subordina *e* ele explora brutalmente os recursos dessa crença para os fins do seu próprio poder. Mas essa exploração permanece na lógica da crença: é preciso acordar ou despertar o sonho ariano nos Alemães. Poderíamos talvez definir o hitlerismo como a exploração lúcida — mas não necessariamente cínica, pois ela mesma está convencida — da disponibilidade das massas modernas ao mito. A manipulação das massas não é apenas uma técnica: ela é também um fim, se, em última instância, é o próprio mito que manipula as massas e nelas se realiza.)

* * *

Nós apenas procuramos desdobrar uma lógica específica e não temos, portanto, nada mais a concluir. Gostaríamos apenas de sublinhar o quanto essa lógica, no traço duplo de vontade mimética de identidade e de auto-efetuação da forma, pertence profundamente aos dispositivos do Ocidente em geral e, mais precisamente, à disposição fundamental do sujeito, no sentido metafísico da palavra. O nazismo não resume o Ocidente e ele não é nem mesmo o seu fim necessário. Mas tampouco é possível simplesmente descartá-lo como aberração, ou como uma aberração simplesmente passada. A segurança confortável quanto às certezas da moral e da democracia não apenas não garante nada, como também expõe o risco de não se perceber vir, ou voltar, aquilo cuja possibilidade não dependeu de um simples acidente histórico. Uma análise do nazismo não deve nunca ser concebida como um simples dossiê de acusação, mas, antes, como uma peça dentro da desconstrução geral da história da qual viemos.

NOTA

Desde a primeira aparição deste texto na França, frequentemente nos perguntaram por que não reservamos mais espaço para a especificidade antissemita do racismo nazista. De fato, nas condições da primeira versão deste texto — um colóquio organizado por um comitê judeu, sob a direção do rabino Lederer (cf. o início do texto) e que abarcava outras contribuições além da nossa —, esperava-se de nós uma análise de certas condições de possibilidade desse antissemitismo, mais do que do fenômeno em si.

Poderíamos prolongar nosso texto na direção de uma avaliação do que constitui a "judeidade" para o nazismo, em oposição absoluta com relação à identidade mítica e do mito identificador. Sendo contraprova ou "antítipo" do mito ariano, o Judeu é identificado a um verme ou a um vírus portador de infecção. Podemos acompanhar de modo muito claro no *Mein Kampf* essa assimilação descendente, primeiro com o sub-homem, depois com o animal e, finalmente, com a infecção. De modo análogo, sabemos como o Judeu não representando um tipo para o culto nazista da beleza é constantemente transformado em *caricatura*. A deformação e a alteração respondem assim à formação clara da visão mítica tal como nós a analisamos em Rosenberg. No fundo, o Judeu era para o nazismo o miserável incapaz de até mesmo atingir a potência figural do mito.

De fato, tem muito a ser dito sobre a relação negativa da "judeidade" com o mito e com a figuração. Nós abordamos essa questão em "Le peuple juif ne rêve pas" (in: *La psychanalyse est-elle une histoire juive?*, Colloque de Montpellier, 1980, org. por Adélie e Jean-Jacques Rassial, Paris, Seuil, 1981, pp. 57-92). Nós nos contentaremos em notar aqui que se trata sem dúvida menos de afirmar que "o Judeu não possui mito" — afirmação que exigiria em todo caso um exame preciso — do que atentar para uma inversão secreta que pode fazer do "sem mito" — e portanto do "Judeu" —, por sua vez, um novo mito (julho de 1992).

O ESPÍRITO DO NACIONAL-SOCIALISMO E O SEU DESTINO[1]

Philippe Lacoue-Labarthe

---

[1] Palestra ministrada no Departamento de Teoria Literária do Instituto de Estudos da Linguagem da UNICAMP em 22 de setembro de 2000. Uma versão dessa palestra encontra-se publicada: "L'esprit du national-socialisme et son destin", *Cahiers Philosophiques de Strasbourg* (1997). Agradeço a João Camillo Penna pela releitura da tradução dessa palestra, bem como pela elaboração de boa parte das notas. Como o leitor perceberá, evidentemente minha dívida para com ele vai muito além do que posso expressar aqui nesta nota. (N. T.)

Minha hipótese de partida é que o nacional-socialismo não é de modo algum um fenômeno aberrante ou incompreensível, mas que ele se inscreve, de maneira perfeitamente rigorosa, na história dita "espiritual" da Alemanha. Apenas uma interpretação histórico-filosófica está à altura de abrir o acesso ao nacional-socialismo na sua essência, ou seja, ao que o singulariza entre outros fenômenos análogos na primeira metade do século XX (podemos nomeá-los, por comodidade, os "totalitarismos") e faz dele uma exceção.

Essa hipótese apoia-se, por sua vez, em uma explicitação do pensamento político de Heidegger. Heidegger não é considerado aqui um pensador nazista (o que, no entanto, ele *também* foi, ainda que brevemente), mas o pensador do nacional-socialismo, o que ele simultaneamente reconheceu e dissimulou.[2]

---

[2] Esta palestra resume, de maneira frequentemente sugestiva, os trabalhos de Philippe Lacoue-Labarthe ao longo de anos sobre a *política* de Heidegger. As referências mais significativas deste trabalho são: "La transcendance finie/t

A proposição "Heidegger é o pensador do nacional-socialismo" significa que Heidegger tentou pensar — e provavelmente ele foi o único nesse caso — o *impensado* do nacional-socialismo, o que ele mesmo denominou, em 1935, "a verdade e grandeza interior do Movimento".[3] Mas nada aqui é evidente: primeiro porque a dificuldade foi — e permanece — imensa (e também temos de ter claro que o impensado do nacional-socialismo talvez tenha

dans la politique" ["A transcendência (finita) termina na política"] (de 1981), e "Poétique et Politique" (de 1984), ambos retomados em *L'imitation des modernes*, Paris, Galilée, 1986. Há uma tradução em português do segundo ensaio, "Poética e Política", Virgínia Figueiredo e João Camillo Penna (trad.), em *O que nos faz pensar, Cadernos do Departamento de Filosofia da PUC-Rio*, n. 10, v. 2, out. 1996. O primeiro ensaio consiste numa análise detalhada do "Discurso de Reitorado", o discurso de posse de Heidegger à reitoria da Universidade de Freiburg em 1933. Em 1987, Lacoue-Labarthe escreve, como complemento a seu Doctorat d'État, que levava em conta o conjunto de sua obra, *La fiction du politique*. *Heidegger, art et la politique* (Paris, Christian Bourgois, 1987), em que reúne e aprofunda as questões elaboradas anteriormente. A partir da discussão iniciada por ele, desenvolvendo arguições por ocasião da defesa, Jean-François Lyotard escreve *Heidegger e os "judeus"* (Petrópolis, Vozes) e Jacques Derrida, *Do Espírito* (Campinas, Papirus). Além desses textos de sua autoria há também a resenha do livro de Victor Farias, *Heidegger e o nazismo. Moral e Política* (São Paulo, Paz e Terra), no *Le Journal Littéraire*, n. 2, (dez./1987-jan./1988), e "Le courage de la poésie" ["Coragem da poesia"], em *A imitação dos modernos*, Fátima Saad (trad.), São Paulo, Paz e Terra, 2000. Devido ao recurso a uma quantidade de referências de que a palestra faz uso sem as explicitar, nos permitimos interferir no texto de Lacoue-Labarthe com uma série de notas explicativas, que visam tão-somente a situar o leitor no debate desenvolvido mais detalhadamente em outros ensaios. (N.T.)

[3] Lacoue-Labarthe refere-se aqui à famosa passagem de *Einführung in die Metaphysik*, Tübingen, Max Niemeyer, 1953. *Introdução à Metafísica*, Emmanuel Carneiro Leão (trad.), Rio de Janeiro, Tempo Brasileiro, 1969, 2. ed. (a primeira edição é de 1966), p. 217. (N.T.)

permanecido o impensado do próprio Heidegger); em seguida porque acessar, ou tentar acessar, o impensado ou a essência do nacional-socialismo supunha que se recusasse de antemão toda interpretação simplesmente política, histórica ou filosófica (e *a fortiori* ideológica) do fenômeno. Dito de outro modo, a predicação política de Heidegger encontra-se inteiramente criptografada: não é uma predicação política, e é necessário, para compreendê-la, dar o passo para além — ou, antes, aquém — do político que ela convida a dar na direção de sua essência que, em si mesma, não é nada política.[4] Um tal passo, que é aquele do próprio pensamento, é mais arriscado que aquele imposto pela ontologia fundamental de *Sein und Zeit* cujo projeto foi abandonado precisamente em 1934-35, quando se trata de preparar a "retirada" do nacional-socialismo.[5]

A lógica da retirada é, como se sabe, abissal: em toda retirada retraçamos aquilo de onde nos retiramos. A denegação política é a pedra de toque do fascismo. Ela com certeza está operando no discurso heideggeriano dos

---

[4] Lacoue-Labarthe parafraseia aqui a frase de Heidegger, em "Die Frage nach der Technik" ["A questão da técnica"] (*Vorträge und Aufsätze*, Pfullingen, Günter Neske, 1954), segundo a qual a essência da técnica "não é de modo algum algo técnico". ("A questão da técnica", Marco Aurélio Werle (trad.), *Cadernos de tradução*, n. 2, 1997). (N.T.)

[5] É exatamente de quando datam os primeiros seminários sobre Hölderlin, especificamente sobre os poemas "Germania" e "O Reno", após o "episódio" da reitoria de Freiburg (21 abr. 1933-fev. 1934). (N.T.)

anos 30 e seguintes — tanto quanto até o fim. No entanto, não devemos confundi-la com uma tendência a-política ou antipolítica qualquer, efetivamente banal na ideologia mediana da "revolução conservadora" desde pelo menos 1918 (a saber, na sua forma "anti", nos discursos da esquerda sobre a democracia). A denegação do político, em Heidegger, faz-se em nome da essência ou da origem do político, daquilo que eu proponho nomear de o *arquipolítico*. Do mesmo modo que, após a derrota de 1945, Heidegger — trata-se do seu primeiro gesto político — denuncia a ética (o humanismo) em nome de uma *arquiética*, ou seja, de uma compreensão original do *éthos*,[6] assim também, em resposta ao nacional-socialismo — o que implica evidentemente uma responsabilidade —, ele teria procurado pensar uma arquipolítica: *polis*, diz ele em 1935, não remete a nenhuma espécie de "política", uma palavra que ele utilizará sempre entre parênteses; *polis* significa o *Da* do *Sein*.[7] E um ano mais tarde, entre os

[6] Trata-se de *Brief über den Humanismus* [*Carta sobre o humanismo*], (*Wegmarken*. Frankfurt am Main, Vittorio Klostermann Verlag, 1967), traduzido em português em *Sobre o humanismo*, Emmanuel Carneiro Leão (trad.), Rio de Janeiro. Tempo Brasileiro, 1967. Em 1946, Jean Beaufret envia uma série de perguntas a Heidegger, discutindo a apropriação humanizante de Sartre da noção de existencialismo, em *L'Existencialisme est un Humanisme* [*O Existencialismo é um Humanismo*] (Paris, Nagel, 1946). Heidegger responde-lhe em seguida com o texto dessa carta, subsequentemente retrabalhado para publicação em 1947. (N.T.)

[7] Na *Introdução à Metafísica*, Heidegger faz uma análise do primeiro coro de *Antígona* de Sófocles. A passagem integral diz o seguinte: "Traduz-se *polis* por

modos inaugurais de instituição ou de tese da verdade (da *alétheia*), ao lado da obra de arte, da proximidade do dado supremo, do sacrifício autêntico e do questionamento do pensamento, ele coloca a instauração de uma *polis*, de um Estado.[8]

Tal é a razão pela qual, se de algum modo devemos definir a posição "política" de Heidegger, creio-me autorizado a falar de *arquifascismo* (o que não pode ser medido com o "sobre-fascismo" de que Breton imaginou decisivo acusar Bataille nos mesmos anos[9]).

Estado e Cidade-Estado. Essa tradução não atinge o sentido pleno da palavra. *Polis* quer dizer a localidade, a dimensão [*Da*], em que, como tal, a existência [*Dasein*] expande seu acontecer histórico. A *polis* é o lugar histórico, o espaço *no qual, a partir* do qual e para o qual acontece a história". (*Introdução à Metafísica*, loc. cit., p. 175.) (N.T.)

[8] Heidegger. "*Der Ursprung des Kuntwerkes*" ["A origem da obra de arte"] em *Holzwege*, Frankfurt am Main, Vittorio Klostermann, 1972. Pronunciada pela primeira vez sob a forma de uma palestra pública a 13 de novembro de 1935, em Freiburg, e apresentada, em versão significativamente ampliada, em três palestras, no final de 1936. (Tradução brasileira de Maria José Campos, *Kriterion*, n. 76, jan./jun. 1986; n. 79, jul./1987-jun./1988; n. 86, ago./dez 1992.) (N.T.)

[9] A expressão "sobre-fascismo" [*surfascisme*] é do jovem historiador Jean Dautry, que participou com André Breton e Georges Bataille da revista panfletária de ultra-esquerda *Contre-attaque* (1935-1936). Segundo explicações de Henri Dubief, a expressão remeteria na verdade, apesar de sua irresistível ambiguidade, a uma "superação do fascismo". Jean Dautry assinou com Georges Bataille alguns textos virulentos contra o parlamentarismo francês, que podem se prestar a equívocos. Em todo caso, a ruptura definitiva do grupo surrealista, liderado por Breton, com o grupo de Bataille, encerrando o projeto de *Contre-attaque*, teve como pretexto essa expressão. Breton acusa o grupo de Bataille nos jornais de "sobre-fascismo souvarinense" (termo cunhado a partir do nome do comunista Boris Souvarine, que fazia parte do grupo de Bataille). Sobre tudo isso, ler

Sob essas condições em que faz pensar o arqui-fascismo de Heidegger com relação ao impensado do nacional-socialismo?

(Devo advertir: as proposições que farei serão extremamente esquemáticas; elas supõem na verdade longas análises detalhadas que não posso retomar aqui. Peço desde já desculpas por isso.)

1. O nacional-socialismo é a realização da história ocidental da *tékhne* — ou, por outra: da história ocidental *como* história da *tékhne*.

Uma das banalidades de base do pensamento reacionário europeu no pós-Primeira Guerra Mundial é que a era moderna determina-se como era da técnica, podendo-se tanto deplorar esse fato como tentar enfrentar esse desafio. Não é de modo algum casual que Heidegger permaneça durante mais de trinta anos afeiçoado aos dois livros de Jünger que, aos seus olhos, fazem época: *Die Totale Mobilmachung* [*A mobilização total*] e *Der Arbeiter* [*O Trabalhador*]; ou se mais tarde, bem no início dos anos 1950, ele pôde ainda precisar o que compreendia em 1935 por "a grandeza e a verdade interna do Movimento" (corrigido por "desse movimento") falando do "encontro entre a técnica determinada planetariamente e o homem

---

Michel Surya, *Georges Bataille, la mort à l'oeuvre*, Paris, Gallimard, 1992, pp. 273-4. (N.T.)

moderno".[10] Segundo o ponto de vista mais radical dos fascismos, a ontologia marxista do trabalho e da produção (ou da autoprodução do homem), a análise da *indústria* (e não da "técnica"), valem apenas como um primeiro balbuciar do pensamento por vir da nova era. A Técnica é a verdade do Trabalho.

O que todavia distingue Heidegger, além de ele não subscrever em momento algum ao "nietzscheanismo" fabricado pelos intelectuais e ideólogos do "Movimento" (de 1935 a 1941 ele ocupa na verdade a maior parte de suas preleções com a desconstrução de Nietzsche, de sua metafísica[11]), é o "passo para trás" que ele tenta realizar na interpretação da *tékhne*: ele não remonta apenas da ciência ao *saber*, termo com o qual ele traduz invariavelmente a palavra grega (a bem da verdade esse movimento já era constitutivo do Idealismo especulativo);

---

[10] Na tradução brasileira feita a partir da edição revisada por Heidegger em 1953, com uma única pequena correção, como veremos a seguir, a passagem integral diz o seguinte: "O que hoje se apresenta, como filosofia do Nacional Socialismo que porém não tem nada a ver com a verdade e grandeza interior desse movimento (a saber com o encontro entre a técnica determinada planetariamente e o homem moderno) — faz suas pescas nessas águas turvas dos 'valores' e das 'totalidades'". *Introdução à Metafísica*, loc. cit., p. 217. (N.T.)

[11] Leiam-se a respeito as declarações de Heidegger em sua entrevista-testamento publicada um dia depois de sua morte no *Der Spiegel*: "Todos aqueles que tinham ouvidos para ouvir podiam ouvir nestas preleções [sobre Nietzsche, entre 1936 e 1941] um confronto com o nacional socialismo". "Nur noch ein Gott kann uns retten" ["Somente um Deus pode nos salvar"], *Der Spiegel*, v. 30, n. 23, 31 maio 1976, p. 204. Há uma tradução brasileira da entrevista publicada na *Revista Tempo Brasileiro*, n. 50, jul./set. 1977. (N.T.)

mas, sob a acepção mais comumente admitida de arte, é uma *arqui-tékhne* a que ele visa, o que o obriga a desconstruir o todo da "estética ocidental" de Platão e Aristóteles até Hegel e Nietzsche ("A Vontade de potência como arte"[12]). A "retirada" de 1934-1935 conduz em direção à "origem da obra de arte" e produz de modo consequente a verdade do nacional-socialismo como *nacional-esteticismo*.

2. O nacional-esteticismo (a leitura de Heidegger conduziu-me a essa monstruosidade semântica[13]) é uma noção difícil de se trabalhar. Para utilizar um expediente do qual o próprio Heidegger fez uso — a propósito da relação entre o *Gestell* (a essência da técnica) e o *Ereignis* [evento] —, podemos dizer que ele está para a filosofia heideggeriana da arte e do político (ou do histórico [*historial*[14]]) do mesmo modo que uma fotografia (mais ou menos bem) revelada está para o seu negativo. Sendo

---

[12] Trata-se da primeira parte dos cursos publicados sobre Nietzsche, "Der Wille zur Macht als Kunst", *Nietzsche*, Ester Band. Pfulligen, Günther Neske Verlag, 1961. (N.T.)

[13] Lacoue-Labarthe desenvolve este conceito em *La Fiction du Politique. Heidegger, l'art et la politique*, Paris, Christian Bourgois, 1987. (N.T.)

[14] "Historial" é a tradução encontrada pelo primeiro tradutor francês de Heidegger, Henri Corbin, para o alemão *Geschichte*, em oposição a este outro termo--filosofema heideggeriano, *Historie* (traduzido por Corbin simplesmente por "histoire"). Ver, a respeito, o Avant-Propos de *Questions I* (Paris, Gallimard, 1968), pp. 16-7. Carneiro Leão optou por traduzir "*Geschichte*" por "Histórico", e "*Historie*", por "historiografia". Ver nota na *Introdução à Metafísica*, loc. cit.,

que aqui o sinal em direção à negatividade é excessivo. De qualquer modo, é porque o nacional-socialismo é prisioneiro não de uma estética, mas da estética — da apreensão estética da arte —, que ele é apenas o nacional-socialismo. Ou se preferirmos, de modo abreviado, é porque ele deixou a algazarra wagneriana recobrir e ensurdecer a voz de Hölderlin. E um pensamento fraco diminuir a potência do grande pensamento alemão, de Leibniz e Kant até Nietzsche.

3. Excluída a referência, por assim dizer única, a Hölderlin, o programa poiético-político de Heidegger parece se confundir com o programa romântico, se nós reconhecermos no romantismo, como o fez Benjamin, o último movimento moderno — portanto revolucionário — que se preocupou em "salvar a tradição". Essa é justamente a "revolução conservadora". (Não devemos esquecer que a única publicação com a qual Heidegger colaborou durante o regime foi a revista, mais ou menos de oposição — de qualquer modo ela só saiu duas vezes —, que era dirigida por Ernesto Grassi com Walter Otto e Karl Reinhardt, *Geistige Überlieferung* [*Tradição espiritual*].) Existem mesmo aderências tenazes ao romantismo, via Nietzsche, das quais Heidegger levaria

pp. 77-8. Márcia de Sá Cavalcante, em sua tradução de *Ser e Tempo* (Petrópolis, Vozes, 2001, 10. ed.), seguiu a mesma opção de Carneiro Leão. (N.T.)

muito tempo para se desvencilhar (ter-se-ia de esperar a conferência sobre a técnica e sobretudo a carta a Jünger de 1955, *Zur Seinsfrage* [Sobre o problema do ser[15]]).

Entre essas aderências, a principal, a mais resistente, é aquela que forma a noção de *Gestalt*, emprestada mais de Nietzsche do que de Hegel, e que permite pensar — a bem da verdade de modo complexo, uma vez que o léxico da incisão, do rasgo ou do traço: *reissen*, *Riss* etc., intervém constantemente — para além e aquém do *Bilden* (*Bild*, *Bildung*, *bildende Kraft* ou *Einbildungskraft*),[16] a essência da obra de arte.[17] É a propósito da obra de arte que Heidegger, em 1936, arrisca pela primeira vez a palavra *Gestell*[18] para designar a unidade de todos os modos do *stellen* e do *stehen*, ou seja, da *thésis* e da verdade. Esse tema é capital porque ele

---

[15] Há uma tradução em português, em *Os Pensadores: Martin Heidegger, conferências e escritos filosóficos*, Ernildo Stein (trad.), São Paulo, Nova Cultural, 1999. (N.T.)

[16] Respectivamente: formar, imagem, formação/cultura, força "formante" e imaginação, sendo que todos os termos são cognatos e contêm ou declinam a palavra *Bild*, imagem. (N.T.)

[17] Referência a uma passagem famosa de *A origem da obra de arte*. A luta [*Streit*] entre *terra* e *mundo*, reformulações heideggerianas da díade aristotélica *morphé/hyle*, produz um rasgo, traço ou fenda [*Riss*], entre os dois, de forma que o conflito nunca se resolve, mas permanece como conflito (ou seja, na diferença), constituindo a figura [*Gestalt*], o traço que figura o contorno das coisas, que é a verdade da obra. (*Holzwege*, loc. cit, pp. 51-2). (N.T.)

[18] *Gestell* já foi traduzido para o português tanto por "composição", como por "arrazoamento". Com relação a esse termo eu remeteria o leitor à nota que João Camillo Penna escreveu para a sua tradução de "Tipografia" de Philippe Lacoue-Labarthe (*A imitação dos modernos*, loc. cit., p. 134, nota 23).

arrasta consigo os valores, antiformais ou "antieidéticos", da plástica ou da ficção/figuração (*plassein*, *fingere*), da configuração, do golpe (*Schlag*) — o "filosofar a golpes de martelo" de Nietzsche — e do *Geschlecht*, da marca e da impressão — ou, para falar grego, do *tipo* (mas *Geschlecht* significa ainda o gênero ou a espécie, a raça, a família ou a descendência, a linhagem e o sexo; a derivação semântica é abissal; e *sempre* duvidosa. Eu remeto aqui à leitura de Jacques Derrida da leitura heideggeriana de Trakl[19]).

Não quero dizer que Heidegger compartilhava do racismo "ordinário" do nazismo, mesmo se alguns documentos atestem sua hostilidade (típica da época, eu penso na França...) com relação à "judeização" da Universidade, da imprensa, da editoração, da arte — em suma, de tudo o que a seus olhos derivava da "indústria cultural", do *Kunsttrieb*. E mesmo se em 1934-1935 ele sustentou ideias absolutamente escandalosas — e, para dizê-lo de modo claro, de uma asneirice insondável — sobre a África por exemplo (veja-se seu curso intitulado *Logik*). É por essa razão que eu propus definir a ontologia arquifascista de Heidegger, como que calcada em uma de suas fórmulas, como onto-tipologia — o mesmo que ele acabou por destacar ou delimitar em Jünger e,

---

[19] Trata-se de "Geschlecht. Différence sexuelle, différence ontologique", *Cahiers de l'Herne. Heidegger*, Paris, Éditions de L'Herne, 1983, pp. 571-95. (N.T.)

consequentemente, em Nietzsche.[20] A apologia do "Tipo", do "homem novo", é suficientemente opressiva. Como um pensador dessa envergadura, mesmo levando-se em conta a sua estupidez ordinária (comum a *todos* os pensadores, evidentemente), pôde crer um só instante nessas tolices militares-policias, ou seja, de "boys scouts"? A "miséria" alemã pôde engendrar atitudes diferentes, nobres e corajosas.

A obsessão fascista é, de fato, a obsessão da figuração, da *Gestaltung*. Trata-se ao mesmo tempo de erigir uma figura (é um trabalho de escultor, como o pensava Nietzsche, propriamente monumental) e de produzir, sobre esse modelo, não um tipo de homem, mas o tipo da humanidade — ou a humanidade absolutamente típica. De um ponto de vista filosófico, trata-se, no final das contas, de reverter a crítica platônica da pedagogia arcaica — heroica e aristocrática — fundada na imitação (a *mimesis*) dos exemplos, do modo como ela marca o projeto político de *A República*. Nos parágrafos de *Sein und Zeit* consagrados à História afirma-se que é pela escolha, na tradição, dos seus heróis — e isso deriva de uma decisão — que o *Dasein* pode abrir a sua possibilidade histórica [*historiale*].[21] Em 1933, no seu

---

[20] Ver a respeito o ensaio de Lacoue-Labarthe, "Tipografia", João Camillo Penna (trad.), em *A imitação dos modernos*, loc. cit. (N.T.)

[21] *Ser e tempo*, v. II, parágrafo 74. Márcia de Sá Cavalcante (trad.), Petrópolis, Vozes, 2001, p. 191. Ver a análise de Lacoue-Labarthe deste trecho de *Ser e Tempo* em

"Discurso de reitorado", o herói assim eleito é Nietzsche, o profeta da morte de Deus.[22] Alguns anos mais tarde, sinal da "retirada" e da entrada explícita em um discurso "político", em um sentido tão elevado que ele não necessita em nada de "discorrer sobre o político", o herói é Hölderlin, o poeta mediador ou o semideus, que é o poeta da poesia (ou seja, precisamente, da essência da arte) apenas porque ele é — ou deve ser — o "poeta dos Alemães".[23] (Que os Alemães sejam considerados ainda "em dívida" com relação a Hölderlin e, consequentemente, ainda não se tornaram como tais, é o suficiente então para indicar a insuficiência do nacional-socialismo).

"Coragem da poesia", Fátima Saad (trad.), em *A imitação dos modernos*, loc. cit. (N.T.)

[22] Trata-se do discurso proferido na posse de Heidegger à reitoria da Universidade de Freiburg, "Die Selbsthauptung der deutschen Universität" ["A auto-afirmação da universidade alemã"], proferido em 27 de maio de 1933. Esse discurso permanecia desconhecido do público até que Gérard Granel o publicou na França, em 1976 (*L'auto-affirmation de l'Université allemande*, in Supplément aux Annales de l'université de Tolouse, Le Mirail, depois retomado em éditions T.E.R., outono de 1982). Só em 1983, Hermann Heidegger, o filho de Heidegger, publicou um opúsculo contendo, além desse texto, outros dois referentes ao período da reitoria, em *Das Rektorat 1933/1934*, Frankfurt, Klostermann, 1983. Para uma tradução de todos esses textos em francês com notas esclarecedoras, ver a tradução de François Fédier, "Le Rectorat 1933-1934", em *Le Débat*, n. 27, nov. 1983. Ver, também, de François Fédier, *Anatomia de um escândalo* (Petrópolis, Vozes). (N.T.)

[23] Lacoue-Labarthe refere-se à conferência de 1936, a primeira proferida por Heidegger sobre o poeta, "Hölderlin und das Wesen der Dichtung" ["Hölderlin e a essência da poesia"] (*Erläuterungen zu Hölderlins Dichtung*, Frankfurt am Main, Vittorio Klostermann, 1981). (N.T.)

É verdade que existe uma "besteira" de Heidegger. Mas, com relação à questão precedente, quem além dele soube pensar a obsessão moderna como a da *Gestaltung*? Quem ousou a desconstrução da ontotipologia?

4. Em um registro nem mesmo deslocado, essa obsessão pela figura é uma obsessão pelo mito. No mundo — imundo — da dessacralização e do "desencantamento" (da *Entzauberung* à la Max Weber, mas mais radicalmente Heidegger falava de *Entgötterung*, do mundo ateu), a palavra de ordem, desde o primeiro romantismo e o "mais antigo programa sistemático do idealismo alemão", é a de uma "nova mitologia".[24] O *Ring* de Wagner e o *Zaratustra* de Nietzsche não fazem mais do que realizar

---

[24] Traduzido em português como "O programa sistemático" (*Os Pensadores. Schelling*, Rubens Rodrigues Torres Filho (trad.), São Paulo, Nova Cultural, 1989), trata-se do texto também mencionado em *O mito nazista* e composto por Schelling, Hegel e Hölderlin. O último parágrafo do fragmento diz: "Enquanto não tornarmos as Ideias mitológicas, isto é, estéticas, elas não terão nenhum interesse para o povo; e vice-versa, enquanto a mitologia não for racional, o filósofo terá de envergonhar-se dela. Assim, ilustrados e não-ilustrados precisarão, enfim, estender-se as mãos, a mitologia terá de tornar-se filosófica e o povo racional, e a filosofia terá de tornar-se mitológica, para tornar sensíveis os filósofos. Então reinará eterna unidade entre nós. Nunca mais o olhar de desprezo, nunca mais o cego tremor do povo diante de seus sábios e sacerdotes. Só então esperar-nos-á uma *igual* cultura de *todas* as forças, em cada um assim como em todos os indivíduos. Nenhuma força mais será reprimida. Então reinará universal liberdade e igualdade dos espíritos! Será preciso que um espírito superior, enviado dos céus, funde entre nós essa nova religião; ela será a última obra, a obra máxima da humanidade" (p. 43). (N.T.)

esse programa. Isso quer dizer que, uma vez acabado o tempo da *imitatio Christi* ou da *imitatio sanctorum* de que procedia a autoridade teológico-política ou a cristandade católica (universal), desconsiderada a República laica — e sempre simplesmente laica pela metade, o Ser supremo em imperadores consagrados —, denunciada, sobretudo após a primeira catástrofe mundial, a bancarrota das Luzes, apela-se ao mito (que pode ser também, como em Sorel, o da greve geral[25]) como o único meio de reconstruir um sentido e ordenar um ser-em-comum.

Novamente, de modo muito esquemático: deve-se ter em conta que o desmoronamento da catolicidade produziu uma política moderna como a contradição entre a promessa de uma universalidade (os direitos do homem) e a refundação das comunidades nacionais sob a forma do Estado-nação (os direitos do cidadão). A exportação imperialista da Revolução francesa inaugurou a era de guerras nacionais — a era da guerra entre os povos —, anunciada por Fichte, e mais potente, talvez, que a invocada por Nietzsche, entre as doutrinas filosóficas (sendo que Nietzsche não podia saber que se trataria do antagonismo entre o marxismo, russo, e o nietzscheanismo, alemão). Nesse século, por toda parte, o homem novo foi aquele

---

[25] Georges Sorel, *Réflexions sur la violence*, tradução: *Reflexões sobre a violência*, São Paulo, Martins Fontes, 1992.

de um povo, a saber, de uma raça; e a "Rússia eterna" logo se livraria do internacionalismo proletário.

O mito — *die Sage*, no léxico de Heidegger —, rigorosamente falando, apenas ressurgiu porque ele foi pensado como originalmente ligado ao ser-povo — à "popularidade". O mito é o poema originário (*Urgedicht*) dos povos. Isso significa para toda a política romântica, desde pelos menos Herder, que um povo não se origina, não existe como tal ou não se identifica, não se apropria — ou seja, não é propriamente ele mesmo — senão a partir do mito. Quando Herder, Hegel ou Heidegger repetem as palavras de Heródoto: "É Homero quem deu seus deuses à Grécia", eles não querem dizer outra coisa. Segundo a lógica mimética ou a mimetologia evocada há pouco, o mito é o meio da identificação (essa ideia é ainda atuante, não importa a complexidade da sua reelaboração, até o último Freud e o último Thomas Mann); e o apelo ao mito é a reivindicação da *apropriação dos meios de identificação*, julgada, em suma, mais decisiva que a dos meios de produção.

5. O pensamento de Heidegger, nesse ponto como em outros, é ao menos mais sutil e refinado que o do romantismo generalizado. Ele deixa aos "pensadores" do partido (Bertram, Krieck ou Bäumler) a tarefa de opor ingenuamente o *mythos* ao *logos*; e a Rosenberg a de definir,

em resposta ao niilismo e ao declínio spengleriano, o "mito do século XX". Mas uma lógica análoga é subtendida, e sua radicalização do conceito de niilismo (estendido a toda metafísica) e a sua determinação da essência da arte (como sucessivamente, como sabemos, *Dichtung*, *Sprache* e *Sage*[26]). Do mesmo modo que, consequentemente, o seu recurso a Hölderlin.

Assim ele não apenas permite compreender o que, na era moderna, está em jogo em termos políticos na arte. Ele permite compreender que a arte, a *tékhne* — ou seja, para ele, a *arqui-tékhne* — é o que está em jogo na política moderna. Ele diz a verdade do que Goebbels responde a Furtwängler, repetindo de modo sonâmbulo Napoleão e Nietzsche: que o verdadeiro artista, aquele que cria, no sentido o mais elevado, é o homem de Estado. Ou, em um registro mais próximo ao seu, a verdade da tripla determinação hegeliana da obra de arte grega: como "corpo atlético" (momento subjetivo), como panteão nomeado na linguagem ou criado no mármore (momento objetivo) e como Cidade (momento sujetivo-objetivo).[27]

Mas o que ele diz realmente desse modo é a verdade do destino alemão.

---

[26] Respectivamente: poesia, língua e dito (ou saga). (N.T.)
[27] Lacoue-Labarthe se refere aqui às *Vorlesungen über die Äesthetik* (hrsg. V. H. Scheneider, Frankfurt am Main, Lang, 1995); *Cursos sobre Estética* de Hegel; cf. sobretudo a seção "A forma da arte clássica" (Marco Aurélio Werle e Oliver Tolle (trads.), São Paulo, Edusp, 2000, pp. 155-231). (N.T.)

6. O político moderno, na sua própria dificuldade em se instituir, não começa com a Revolução francesa, mas, como Heine e Marx suspeitaram, com a Reforma (a radicalização do cristianismo) e o Renascimento (a imitação dos Antigos). Em um caso como no outro, ainda que de modo diferenciado, o que é atingido é Roma — Império assim como Igreja. Mas se as nações da área propriamente romana permanecem presas na latinidade (a Revolução francesa repete o *gestus* republicano, e o retorno à antiguidade, na Itália como na França, é filtrado pela imitação helenística e romana dos Gregos), se nelas o deslocamento do teológico-político deixa relativamente vivaz a religião católica, não ocorre o mesmo com o povos, mais ou menos confundidos, então situados para além do *limes* que é e permanece sendo a fronteira do luteranismo, os povos da *Germania*, de Tácito — e de *A batalha de Arminius*, de Kleist. Esses povos, por mais que Hegel tenha batizado de "mundo germânico" o conjunto da era cristã desde a queda de Roma, e apesar da existência do Sacro Império Romano-germânico, nunca pertenceram à *Weltgeschichte* [*História universal*] como povos politicamente identificados, ou seja, propriamente nacionais. O que a história *espiritual* da Alemanha indica — e existe uma tal história que é na verdade a *sua* história — é que a Alemanha (a pátria dos poetas e dos pensadores, como dizia Heidegger) tem

uma falta de identidade. A "miséria alemã", *die deutsche Not*, possui só um conteúdo: a Alemanha não existe. Ele determina, no fundo, a essência elegíaca da arte alemã, ou o seu gênio melancólico. (Thomas Mann, na época do *Doktor Fautus*, escreveu páginas decisivas a esse respeito.)

A identificação política moderna supõe e engaja uma agonística severa, no sentido dessa palavra retomada por Nietzsche dos Gregos. Existe na apropriação dos meios de identificação uma "rivalidade mimética"[28] com a sua temível *double bind*:[29] "Devemos imitar os Antigos", dizia Winckelmann, "para nos tornarmos a nós mesmos inimitáveis."[30] Era, no mínimo, enunciar

---

[28] O conceito de "rivalidade mimética" provém de René Girard. Por exemplo, cf. *A violência e o sagrado* (São Paulo, Paz e Terra, 1998). Para Girard, o desejo se estrutura a partir da rivalidade, na ambiguidade entre amar e querer ser (o/a amado/a), desejar e ocupar o lugar do/a amado/a, ao mesmo tempo objeto de desejo e obstáculo para a sua realização. A *imitação dos modernos*, expressão utilizada como título de uma coletânea de ensaios de Lacoue-Labarthe, por oposição à "imitação dos antigos", da *querela entre antigos e modernos*, repousaria numa relação mimética desse tipo. (N.T.)

[29] A noção de *double bind* vem do antropólogo Gregory Bateson, em *Steps to an ecology of mind* (Nova York, Ballantine Books, 1972). Ela consistiria, por exemplo (p. 206), em dar duas ordens contraditórias e simétricas a uma mesma pessoa, envolvendo punição, do tipo: a) Não faça tal coisa, senão eu vou puni-lo; e b) se você não fizer tal coisa, eu vou puni-lo. Bateson tenta explicar a partir de enunciados desse tipo a estrutura psicológica que gera a esquizofrenia. Lacoue-Labarthe estuda essa estrutura com relação a Hölderlin, em "Hölderlin e os gregos", Pedro Alvim Leite Lopes e Angela Leite Lopes (trad.), *A imitação dos modernos*, loc. cit. (N.T.)

[30] Philippe Lacoue-Labarthe cita novamente essa frase capital de Winckelmann que já aparecera no texto anterior redigido com Jean-Luc Nancy. Nas duas citações trata-se na verdade, antes, de paráfrases. Essa ideia é recorrente no texto de

que a agonística alemã deveria se demarcar da *imitatio* de tipo latino, ou seja, do imperialismo cultural da Itália ou da França: de Roma. Como o escrevia Bäumler em 1931 (*Nietzsche, der Philosoph und Politiker*), mas ele estava longe de ser o único a cultivar essa linguagem, "a Alemanha não pode existir na história universal senão como grande Alemanha. Ela só possui a escolha de ou ser a potência antirromana da Europa, ou de não ser. (...) Apenas a Alemanha nórdica poderá ser a criadora de uma Europa que será mais do que uma colônia romana, a Alemanha de Hölderlin e de Nietzsche" (*apud* Arno Münster, *Nietzsche et le nazisme*, Paris, 1995). Desse ponto de vista, a Alemanha foi, com efeito, o local de um *Kulturkampf* [luta cultural] radicalizado no qual, como sabemos, ocorreu uma antiguidade totalmente outra — uma Grécia totalmente outra — diferente daquela transmitida pela tradição que se procurou inventar como a origem e o modelo de um destino incomparável.

Era isso o que veiculava, na virada do século, o nietzscheanismo e que, na loucura histórica, conduziu

---

Winckelmann sobre a imitação das obras gregas e foi expressa de modo lapidar na frase: "Der einzige Weg für uns, groß, ja, wenn es möglich ist, unnachahmlich zu werden, ist die Nachahmung der Alten..." ("O único caminho para nós nos tornarmos grandes e, se possível, inimitáveis é a imitação dos antigos..."). *Von der Nachahmung der griechischen Werke in der Malerei und Bildhauerkunst*, em Winckelmann, Anton Raphael Mengs e Wilhelm Heinse, *Frühklassizismus*, Helmut Pfotenhauer et alii (org.), Frankfurt/Main, Deutsche Klassiker Verlag (Bibliothek der Kunstliteratur, v. II), 1995, p. 14. (N.T.)

à instauração da política nazista como "obra de arte total" — e não apenas ao fascismo como "estetização da política", pois nesse caso provavelmente teríamos parado na ópera italiana...

7. Essa agonística comanda, em Heidegger, três temas fundamentais. Eu me limitarei, para terminar, a enumerá-los — o exame deles nos levaria longe demais:

a) o tema da *Heimatlosigkeit* [ausência de pátria] (ou do "desenraizamento", se o transcrevêssemos para o léxico do pensamento francês de extrema direita, de Barrès a Maurras e para além deles). Trata-se, diz Heidegger em 1946, da experiência histórica fundamental da Europa, que Nietzsche, prisioneiro do niilismo que ele denuncia, não pôde experimentar até o fim, e que apenas Marx — além de Hölderlin, evidentemente — soube pensar, colocando a época sob o signo da alienação (veja-se a *Carta sobre o humanismo*).

Poderíamos mostrar sob esse ângulo que os fascismos, da mesma forma que o marxismo na sua interpretação russa, não são outra coisa senão uma resposta ao *dépaysement* generalizado da época moderna, à deportação em massa do campesinato milenar, organizada em menos de um século pela indústria e pelo capital. Heidegger sabe-o mais do que ele não quer sabê-lo. Mas por que, do mesmo modo, ele lamentava — sem dúvida alguma — a desaparição da civilização neolítica, do modo de existência pré-urbano, das "sentenças campesinas sensatas" como dizia Hölderlin, de onde ele faz nascer, contra qualquer evidência, a própria História, reduzida à sua própria extensão europeia *tardia*?

b) o tema da *Wiederholung*, da repetição da grandeza do começo (grego) do destino ocidental, enquanto — trata-se da lógica do impensado — essa grandeza não teve propriamente lugar e forma, nesse sentido, o futuro ou o por-vir de "nossa" História. (Esse tema provém da segunda *Intempestiva* de Nietzsche,[31] mas nós o encontramos do mesmo modo em Paul de Lagarde: "Pois enquanto você volta os seus olhos e o seu coração para coisas novas, eu vivo a cada fôlego em um passado que nunca foi e que é o único futuro ao qual eu aspiro", citado por Botho Straus em "Anschwellender Bocksgesang" ["Canto de bode: crescendo"], uma vez que Botho Strauss, como muitos outros intelectuais alemães desde 1989, julga-se obrigado a "reagir" no estilo dos anos 1930: o porvir da Europa ainda é sombrio). Heidegger realizou um passo

---

[31] Lacoue-Labarthe refere-se à segunda das *Considerações Intempestivas* (ou *Considerações Extemporâneas*) de Nietzsche, "Da utilidade e desvantagem da história para a vida", de 1874, "Von Nutzen und Nachteil des Historie für das Leben", *Unzeigemässe Betrachtungen*, em *Kritische Studienausgabe*, G. Colli e M. Montinari (org.), Munique, Berlin, DTV, de Gruyter, v. I, 1988. (*Considerações Intempestivas*, Lemos de Azevedo (trad.), Lisboa, Editorial Presença, s.d.) (N.T.)

aquém da *imitatio* que acusa a fraqueza, ou até mesmo o *kitsch*, da arte de massa e da monumentalidade imperial dos totalitarismos. Ironizou-se e glosou-se muito o exemplo do templo grego ou dos sapatos de Van Gogh nas conferências sobre a arte de 1936.[32] Ter-se-ia feito melhor relacionando-o com a crítica irrevogável do projeto wagneriano. Heidegger sabia da mesma maneira que a "grande arte", como ele dizia, não podia ser confundida com a afetação da arte burguesa com pretensões aristocráticas. Por isso ele teve de reconhecer o fato de que não compreendia a arte "moderna", que ele julgava "destruidora"...

c) o tema teológico-político: o que Heidegger procura na predicação hölderliana — na *Sage*, o mito que não é, ele diria um dia, a *Heldensaga* [saga heróica] — é a promessa de um novo deus: "Nur ein Gott kann uns retten" ["Apenas um Deus pode nos salvar"], tal é, nós recordamos, a palavra testamental de Heidegger.[33]

A lamentação de uma perda "existencial", o apelo a um recomeço, a escuta do poema "evangélico", isso compõe ou configura — muito próxima, muito distante, da utopia do messianismo — a esperança em uma religião. O que permite perceber, no fundamento dos

---

[32] Lacoue-Labarthe refere-se aqui aos famosos exemplos elaborados por Heidegger em *A origem da obra de arte*, loc. cit. (N.T.)
[33] Entrevista-testamento ao *Der Spiegel*, loc. cit. (N.T.)

"totalitarismos", a restauração — que não é profana senão diante do cristianismo — da religião política. Ou se preferirmos: da religião *tout court*. "Religião" pode derivar, conforme certos exercícios etimológicos de Cícero, de *relegere* (recolher, reler, em suma, *legein*, no sentido que Heidegger atribui a essa palavra) ou de *religare* (ligar, religar, assegurar a coesão social ou política). Heidegger, sem dúvida, recolheu todos os legados da tradição filosófica euro-ocidental: ele foi, nesse sentido, um hermeneuta profundamente religioso, o que lhe dá, deve-se afirmá-lo, toda a sua dignidade de pensador. Ou seja, de *leitor*. Ele não soube, ou não pôde, entretanto, proibir-se de sonhar com a coleção, a *religio*: a construção de um edifício teológico-político, o qual (ele teria sido o primeiro a saber, se ele tivesse *lido* e *relido* de modo atento Nietzsche, que ele confundiu com um simples filósofo) o próprio cristianismo — ou seja, a forma inaugural do ateísmo — havia proibido de modo definitivo, salvo à custa das catástrofes que escandiram nossa história e cuja vontade insana de exterminar — sacrificialmente, *ou seja*, tecnicamente — os Judeus é o atestado para sempre insuportável. E por assim dizer, hoje, a interdição do pensamento, de toda coleção não-religiosa de qualquer espécie.

SOBRE OS AUTORES

PHILIPPE LACOUE-LABARTHE (Tours, 6 de março de 1940 — Paris, 27 de janeiro de 2007) foi um filósofo, crítico literário e tradutor francês. Labarthe foi professor de Estética na Universidade de Estrasburgo — onde lecionou com Jean-Luc Nancy (amigo e colega com quem publicou diversas obras) —, "homme de théâtre", crítico e germanista francês, especialista do pensamento de Martin Heidegger, de Jacques Derrida e de Jacques Lacan, como também do romantismo alemão e de Paul Celan.

JEAN-LUC NANCY (Caudéran, 26 de julho de 1940), é um filósofo francês. A primeira obra de Nancy, *Le titre de la lettre*, publicada em 1973, é uma visão sobre o trabalho do psicanalista Jacques Lacan, escrita em conjunto com Philippe Lacoue-Labarthe. Suas maiores influências são Martin Heidegger, Jacques Derrida, Georges Bataille, Maurice Blanchot e Friedrich Nietzsche. É conhecido principalmente, por ter contribuído para o debate acerca do conceito de comunidade e da natureza do político. Nancy é professor emérito da Universidade de Estrasburgo.

OUTROS TÍTULOS DESTA EDITORA

LAOCOONTE
OU SOBRE AS FRONTEIRAS DA PINTURA E DA POESIA
G.E. Lessing

LUCINDE
Schlegel

O DISCURSO SOBRE A ESTUPIDEZ
Mauro Mendes Dias

A FARMÁCIA DE PLATÃO
Jacques Derrida

CADASTRO
ILUMINURAS

Para receber informações sobre nossos lançamentos e promoções, envie e-mail para:

cadastro@iluminuras.com.br

A *Iluminuras* dedica suas publicações à memória de sua sócia Beatriz Costa [1957-2020] e a de seu pai Alcides Jorge Costa [1925-2016].